Philosophie ist eine Argumentationstechnik, mit deren Hilfe in Diskurskonflikten beliebige Eigenauffassungen immunisiert und beliebige Gegenauffassungen kritisiert werden können.
Das ist die zentrale These dieses Buches. Sie widerspricht dem Selbstverständnis der Philosophie: In der Rhetorik geht es darum, ein Publikum von beliebigen Auffassungen zu überzeugen. In der Philosophie geht es, wenn überhaupt, darum, ein Publikum von der Wahrheit zu überzeugen.
Modifiziert durch Ersatzbegriffe bildet die erfolgreiche Suche nach Wahrheit und Erkenntnis noch in aktuellen relativistischen, neopragmatistischen und sogar konstruktivistischen Denkmodellen Ziel und Motivation philosophischer Erkenntnisanstrengung.

Josef Mitterer, geboren 1948, ist Professor für Philosophie an der Universität Klagenfurt. Zuletzt erschien von ihm ›Das Jenseits der Philosophie‹.

Unsere Adresse im Internet: www.fischer-tb.de

Josef Mitterer

Die Flucht aus der Beliebigkeit

Fischer
Taschenbuch
Verlag

Originalausgabe
Veröffentlicht im Fischer Taschenbuch Verlag GmbH,
Frankfurt am Main, Januar 2001

Satz: Pinkuin Satz und Datentechnik, Berlin
Druck und Bindung: Clausen & Bosse, Leck
Printed in Germany
ISBN 3-596-14929-0

INHALT

Die Tatsache, dass sich keine These findet, die nicht kontrovers erörtert würde oder werden könnte, zeigt deutlich, dass unsere natürliche Urteilskraft das, was sie überhaupt zu erfassen vermag, kaum schlüssig erfasst.

Mein Urteil über eine Sache kann meinesgleichen mitnichten dazu bewegen, es zu seinem zu machen – ein Zeichen, dass ich sie auf andere Weise als durch ein natürliches Vermögen erfasst habe, das ich ja mit allen übrigen Menschen teilen sollte.

Selbst wenn wir den unendlichen Meinungswirrwarr unter den Philosophen einmal beiseite lassen, diese universalen und schier endlosen Auseinandersetzungen über die Erkenntnis der Dinge, diese unaufhörlichen Zwiste und Zerwürfnisse (denn das jedenfalls dürfte wohl unumstritten sein, dass sogar die von Natur aus fähigsten Gelehrten sich in nichts einig sind, nicht einmal darin, dass der Himmel über unserm Kopf ist …) – selbst dann ist schon aus der Verwirrung in die unser eignes Urteilen uns stürzt … leicht zu erkennen, dass es auf recht wackligen Füßen steht.

Wie verschiedenartig bewerten wir doch die Dinge! Wie oft ändern sich unsere Vorstellungen! Was ich heute meine und glaube, das meine ich und glaube ich aus innerster Überzeugung: All meine Kräfte stehn mir mit allem, was sie vermögen dafür ein.

Keine Wahrheit könnte ich mit größerer Inbrunst mir zu Eigen machen und bewahren als diese. Und dennoch: Ist es

mir nicht widerfahren, – und das keineswegs nur einmal, sondern hundertmal und tausendmal und alle Tage –, dass ich mir hernach mit denselben Kräften und derselben Inbrunst irgendeine andere Wahrheit zu Eigen machte, die ich inzwischen auch wieder als falsch verworfen habe.
Man sollte wenigstens durch Schaden klug werden! Wenn ich mich so oft unter diesem Banner des Fürwahrhaltens verraten fand, wenn sich mein Prüfstein gewöhnlich als trügerisch und meine Waage als falsch eingestellt erweist, mit welcher Sicherheit kann ich mich dann nächstes Mal mehr darauf verlassen als bisher? Ist es nicht Torheit, mich ständig von ein und demselben Führer irreführen zu lassen?
Doch das Schicksal mag uns fünfhundertmal hin und her schieben, unsrer Glaubensbereitschaft wie einem Fass Überzeugungen einschütten, sie wieder ausschütten und ihr neue einschütten, ohne Unterlass – stets wird die jüngste, die augenblickliche Überzeugung uns die allein sichre und unfehlbare sein! Für sie gilt es Gut und Blut zu opfern, Ehre und Seelenheil – einfach alles.

Michel de Montaigne

VORWORT

In diesem Buch geht es um die Gemeinsamkeiten der Philosophie und nicht um Unterschiede zwischen einzelnen Positionen oder Denkmodellen.

Die gemeinsame Basis des philosophischen Diskurses bilden duale Voraussetzungen. Durch diese Voraussetzungen können Bereiche des Zufälligen und Kontingenten, des Denkens und Sprechens, von einer Ebene jenseits der Beliebigkeit des menschlichen Diskurses unterschieden werden.

In der Philosophie liegt diese Ebene unter der Sprachebene: als Welt, als Objekt, als das-worüber-wir-reden, und in der Theologie wird sie darüber angesiedelt.

Die dualen Voraussetzungen lenken die Richtung des Denkens auf die Objektebene und bestimmen das Ziel des Denkens als Übereinstimmung mit dieser Ebene. Die Argumentationstechnik der dualistischen Philosophie kann diese Übereinstimmung für jede beliebige Auffassung herstellen.

Ich versuche, die Unterscheidungen zwischen diesen Ebenen als argumentative Setzungen zu (re-)konstruieren, die dem Diskurs vorausgesetzt werden. Dadurch verlieren sie den Status von Voraussetzungen und ich kann mich für sie entscheiden, aber auch gegen sie.

Der Verzicht auf diese Voraussetzungen ist nur der Verzicht auf die Rechtfertigung unserer Auffassungen in einem Jenseits des Diskurses, das nichts weiter ist als das eigene Diesseits noch einmal. Unsere Gespräche, unsere Übereinstimmungen und unsere Auseinandersetzungen werden nicht beliebiger als sie schon sind.

Ein Irrtum kann immer nur als Differenz zu der Auffassung bestimmt werden, die den Irrtum feststellt, gleichgültig ob diese Feststellung von einem Jenseits des Diskurses legitimiert wird oder nicht. *(Darum trägt die Verantwortung für Irrtümer in diesem Buch der Leser und nicht der Autor ...)*
Anhang 1 ist ein kurzer Versuch, einen Besucher aus einer Welt ohne Philosophie in die Grundzüge der dualistischen Argumentation einzuführen.
Anhang 2 ist auch eine Abgrenzung vom Radikalen Konstruktivismus. Der Konstruktivismus ist eine Antwort auf die Frage nach dem Verhältnis zwischen Sprache und Wirklichkeit, der Realismus ist eine andere Antwort.
Mich interessiert dagegen die Konstruktion dieses Verhältnisses, das als dichotomische Voraussetzung das *Paradogma* der dualistischen Philosophie bildet. Das erklärt vielleicht, warum ich an der innerdualistischen Diskussion (in der meine Sympathien eher auf Seiten des Konstruktivismus liegen) nicht teilnehme, und auch, warum ich von denen, die zwischen Konstruktivismus und Nondualismus keinen Unterschied sehen oder machen, als Konstruktivist eingestuft werde.

EINE EINLEITUNG

1. In der Rhetorik geht es darum, ein Publikum von beliebigen Auffassungen zu überzeugen. In der Philosophie geht es, wenn überhaupt, darum, ein Publikum von der Wahrheit zu überzeugen. Philosophie mag ohne Rhetorik nicht auskommen, aber Philosophie ist mehr als Rhetorik, mögen ihre Argumente noch so persuasiv sein.
Das ist das Selbstverständnis der Philosophie, seit es ihr vor mehr als 2000 Jahren gelungen ist, die Rhetorik an die Peripherie des Denkinteresses zu drängen. Über alle Meinungsverschiedenheiten hinweg ist die erfolgreiche Suche nach Wahrheit Ziel und Motivation philosophischer Erkenntnisanstrengung. Und selbst jene Philosophen, die der Suche nach Wahrheit und Erkenntnis wenig oder keine Aussicht auf Erfolg beimessen, behalten Wahrheit als Diskursregulativ bei.
Den Wahrheitsbegriff überhaupt aufzugeben, ohne wenigstens mit Ersatzbegriffen wie Angemessenheit, Brauchbarkeit oder Viabilität zu arbeiten, das kommt nach Ansicht der meisten Philosophen einer Selbstaufgabe der Philosophie gleich. Wer sein Denken nicht mehr auf Wahrheit oder wenigstens auf einen Ersatzbegriff für Wahrheit hin orientiert, wird zum Nicht-Philosophen schlechthin. Schon der Vorwurf des Relativismus genügt, um den so Kritisierten an den Rand der Philosophie zu verweisen: Die größte Feindin der Philosophie ist die Beliebigkeit.

2. Dagegen werde ich versuchen, Philosophie als eine Argumentationstechnik zu rekonstruieren. Diese Argumenta-

tionstechnik kann beliebige Auffassungen als wahr, richtig oder adäquat, als begründet oder vernünftig rechtfertigen, soweit sie vertreten werden, und sie kann beliebige Auffassungen als falsch oder irrig, als unbegründet oder unvernünftig aus unseren Diskursen eliminieren oder zumindest diskreditieren. In Diskurskonflikten dient diese Argumentationstechnik zur Immunisierung der Eigenauffassungen und zur Kritik der Gegenauffassungen. Das ist eine zentrale These dieses Buches.

3. Die Philosophiegeschichte ist auch das Nacheinander und Nebeneinander von Theorien und Systemen, in denen die Probleme der Philosophie gelöst werden sollen. Im Verlauf der Philosophiegeschichte haben sich die verschiedensten Positionen herausgebildet: Realismus, Idealismus, Empirismus, Rationalismus, Pragmatismus, und diese Hauptströmungen haben sich wieder in zahlreiche Varianten ausdifferenziert. Wir können einen naiven oder einen kritischen Realismus vertreten, einen hypothetischen, objektiven, modalen, intentionalen, internen, externen oder konstruktiven Realismus, und die Möglichkeiten für die Entwicklung weiterer Varianten sind offen und werden auch genützt. Neben einer »Lawine von Realismen«[1] in der ersten Hälfte des 20. Jahrhunderts haben sich die verschiedensten Varianten des Pragmatismus herausgebildet (schon 1908 konstatierte A. Lovejoy »The thirteen Pragmatisms«) und gegenwärtig vermehrt sich rapide die Anzahl der Konstruktivismen, zuletzt um einen »realismusverträglichen Konstruktivismus«.[2]

4. Die Positionen der Gegenwartsphilosophie unterscheiden sich nur wenig von denen, die im Verlauf der Philosophiegeschichte vertreten wurden. Auch jetzt gibt es Platoniker

und Aristoteliker, lehren (Neo-)Scholastiker, Realisten und Idealisten, wobei die Idealisten heute eher Konstruktivisten heißen mögen und die Realisten früher Dogmatisten genannt wurden. Es ist kein Zeichen von Rückständigkeit, Hegelianer zu sein oder Kantianer – schon eher Neokantianer zu sein – und den Neopragmatismus verbindet viel mit dem Pragmatismus.
Der Querschnitt des gegenwärtigen Denkens gleicht in vieler Hinsicht einem Längsschnitt durch die Philosophiegeschichte. Wir sind als Philosophen immer auch Quereinsteiger in eine Philosophiegeschichte, die durch die Gegenwartsphilosophie nicht überholt, sondern erweitert wird. Die ersten philosophischen Erkenntnisse, die wir ›machen‹, haben oft schon andere Philosophen vor und für uns gemacht.

5. Warum vertritt ein Philosoph genau die Philosophie, die er vertritt, und nicht eine andere? Ein Philosoph wird auf diese Frage mit den Vorzügen seiner Philosophie und mit den Irrtümern, Defiziten und Nachteilen der anderen Philosophie antworten.
Seine Antwort ist dabei immer eine Antwort im Nachhinein: Nicht als Realisten, Pragmatisten oder Konstruktivisten haben wir entschieden, welche Philosophie wir wo und bei wem studieren. Erst im Nachhinein, nachdem die Entscheidung für die Philosophie, die wir vertreten, längst gefallen ist, bedanken wir uns bei unseren akademischen Lehrern für ihren Einfluss auf unsere intellektuelle Entwicklung. Ein anderer Studienort, andere Lehrer, und schon wären wir vielleicht statt Analytische Philosophen Transzendentalphilosophen geworden oder umgekehrt.
An einer großen europäischen Universität florieren drei philosophische Schulen nebeneinander: eine phänomeno-

logische, eine analytische und eine an Lacan orientierte Schule. Welcher Richtung sich Studentinnen anschließen, hängt auch davon ab, welche Sprache sie am Gymnasium gelernt haben (Englisch – dann eher analytische Philosophie, Französisch – dann eher lacanistisches Denken), wo und bei wem sie sich Informationen geholt haben, welche Vorlesung sie zufällig als erste besucht haben, ob sie bereits andere Philosophiestudentinnen kennen, etc. etc.
Die Umstände, die dazu führen, dass ein Philosoph diese Philosophie vertritt und nicht jene, sind kontingent. Eigentlich müssten die Philosophen von Glück reden, dass sie die »richtige« Philosophie vertreten und nicht eine »falsche«.

6. Die Zuordnung einzelner Philosophen zu den verschiedenen Strömungen, Richtungen und Schulen ist umstritten. Zumindest von ihren Kritikern werden Philosophen häufig einer anderen Richtung zugerechnet als jener, der sie sich selbst verpflichtet fühlen. Wer sich selbst als Kritischer Realist versteht, wird von anderen vielleicht als Konstruktivist eingestuft; nach manchen Interpretationen sind auch Anti-Realisten in Wirklichkeit Realisten. Die meisten so genannten Relativisten weisen diese Etikettierung ausdrücklich zurück und verstehen sich sogar als Kritiker des Relativismus. Kritische Rationalisten und Realisten werden von der Gegenseite immer noch als Positivisten bezeichnet. Für Friedrich Hayek sind sowohl Positivisten als auch Rationalisten Konstruktivisten. Und wer für die einen ein Konstruktivist ist, der ist für andere ein Dekonstruktivist.
Humberto Maturana sagt von sich, er sei kein Konstruktivist, obwohl er vielen als Hauptvertreter des Konstruktivismus gilt. Wer gehört zur Postmoderne? Wer war ein

»bürgerlicher«, wer ein marxistischer Philosoph? Ist Putnam ein Analytischer Philosoph, Davidson ein Pragmatist? – Und auch der Autor wurde als Konstruktivist, als Dekonstruktivist, als radikaler Lingualist, als Idealist, Rationalist, Relativist etc. eingestuft. Wie verkehrt Selbsteinschätzungen sein und werden können, zeigt ein Zitat von Ernest Gellner. Er schreibt: »Quine scheint sich bereitwillig selbst als Relativist einzuordnen, obwohl er in Wirklichkeit keiner ist; Kuhn weist diese Charakterisierung zurück, obwohl er ihr in Wirklichkeit logischerweise nicht entgehen kann.«[3]

7. Es ist nicht nur strittig, ob ein Philosoph jene Theorie vertritt, der er sich zugehörig fühlt, oder jene, der er zugerechnet wird. Oft steht sogar in Frage, ob er überhaupt Philosoph ist und nicht etwa Dichter, Denker, Anti-Wissenschaftler oder Scharlatan. (Und zwar nicht nur für andere, sondern auch für ihn selbst, so Leszek Kolakowski: »Ein moderner Philosoph, der nie das Gefühl gehabt hat, ein Scharlatan zu sein, ist dermaßen seicht, dass es wahrscheinlich nicht lohnt, seine Werke zu lesen.«[4])
Ist Derrida ein Philosoph? Viele »etablierte« Philosophen, insbesondere jene, die an den »leading departments« der Universitätsphilosophie lehren, waren zumindest bis vor kurzem nicht dieser Meinung.
Ist Descartes ein Philosoph? Nicht einmal das ist sicher.[5]
Sind Ernst von Glasersfeld und Heinz von Foerster Philosophen oder Psychologen, Kybernetiker oder Kognitionswissenschaftler oder einfach Denker? Was ist mit Kierkegaard und Nietzsche: Würden sie an einem philosophischen Institut einen Lehrauftrag bekommen?
Ein Lehrstuhlinhaber meint bei einem Kongress: »A lot of people think they are philosophers, but *in fact* they are

not.« Phänomenologie, Existentialismus und Konstruktivismus sind nach Mario Bunge Anti-Wissenschaften und gehören aus dem Kanon der Philosophie entfernt.[6] Ein Philosoph vertritt, dass alle nicht-realistische Philosophie Sophistik sei und schon deswegen eigentlich Nicht-Philosophie.

Noch vor wenigen Jahren haben »führende« Philosophen gegen die Verleihung eines Ehrendoktorates für Philosophie an Derrida öffentlich Stellung genommen. Richard Rorty galt bestenfalls als Zerstörer der Philosophie und Studenten in Princeton wurde abgeraten, bei ihm zu promovieren, mit dem Argument, das könne ihrer Karriere schaden. Beim Weltkongress für Philosophie in Boston 1998 wurde dagegen kein einziger lebender Philosoph auch nur annähernd gleich häufig in den Abstracts genannt. Trotzdem gilt er weiterhin vielen akademisch etablierten Philosophen als »Non-philosopher«, der auf einem Kongress, wo es um »serious philosophy« geht, nichts zu suchen hat.

Ein beliebtes Mittel, um unbequemen Jungphilosophen bei akademischen Initiationsverfahren Schwierigkeiten zu machen, ist seit jeher der Vorwurf, dass ihre Arbeiten nicht (mehr) zur Philosophie gehören. Welche Denkweisen gehören zur Philosophie, zum philosophischen Kanon, und welche nicht? Diese Bestimmungen werden immer vom Standpunkt des Beurteilers aus gemacht.

8. Eine Auseinandersetzung mit der Philosophie kann stattfinden als Auseinandersetzung mit einzelnen Positionen, die mit dem Anspruch auftreten, Philosophie zu sein. Dabei stellt sich die Frage: Worin und inwiefern unterscheiden sich die einzelnen Theorien und Systeme, ihre verschiedenen Versionen und Subversionen? Eine solche Vorgangs-

weise kann dazu führen, dass wir uns einer bestehenden Position anschließen, diese vielleicht modifizieren oder verbessern, oder sie führt dazu, dass wir eine neue Position entwickeln.
Wer seinen Platz im philosophischen Spektrum gefunden hat, wird diesen Ort zum Zentrum des Denkens machen und von ihm aus die übrigen Positionen beurteilen – und zwar nach ihrer Distanz, nach ihrer Differenz zur jeweils eigenen Position.

9. Statt nach den Unterschieden zwischen den verschiedenen philosophischen Positionen zu fragen, möchte ich die Frage nach den Gemeinsamkeiten stellen: Die Frage, worin sich die verschiedenen philosophischen Positionen *nicht* unterscheiden.
Was ist allen, auch den gegensätzlichsten Positionen gemeinsam? Was verbindet einen naiven Realisten mit Richard Rorty, was verbindet noch Paul Feyerabend mit den Kritischen Rationalisten, was könnte Derrida mit seinen Kritikern aus den »leading departments of philosophy« gemeinsam haben?

10. Was ist die gemeinsame Basis der dualistischen Philosophie?
Eine erste Gemeinsamkeit bilden dichotomische Unterscheidungen: zwischen Sprache und Wirklichkeit, Aussage und Gegenstand, zwischen Erkenntnis und Erkenntnisobjekt, zwischen dem, was wir reden und dem, worüber wir reden, zwischen Geist und Welt, Schein und Sein, Bewusstsein und Sein, zwischen einem Diesseits und einem Jenseits des Diskurses.
In Frage steht, wie sich Sprache und Welt, Beschreibung und Objekt, Aussage und Gegenstand zueinander verhal-

ten, außer Frage steht, *dass* ein solcher Unterschied vorausgesetzt werden muss. Die Frage nach dem *Wie* des Verhältnisses zwischen den Gliedern der Dichotomien kann nur gestellt werden, wenn die Frage nach dem *Dass* der dichotomischen Verhältnisse nicht gestellt wird.
Die dichotomischen Voraussetzungen bilden einen Basiskonsens der dualistischen Denkweise, der die verschiedenen Bestimmungen des *Wie*-Verhältnisses zwischen den Gliedern der Dichotomien überhaupt erst möglich macht.
Die *Dass*-Voraussetzung der Dichotomien ist hinsichtlich des Wie-Verhältnisses zwischen ihren Gliedern unbestimmt. Sie erlaubt alle möglichen Bestimmungen des Verhältnisses ihrer Glieder. Sie ist »erkenntnistheoretisch« neutralistisch und mit allen Varianten des dualistischen Spektrums gleichermaßen vereinbar. Wie sich die Glieder verhalten, gehört nicht zum Basiskonsens: Im »Wie« des Verhältnisses unterscheiden sich die verschiedenen Varianten dualistischen Denkens.
Wenn das nicht so wäre, dann wäre die Frage nach dem Verhältnis zwischen Sprache und Wirklichkeit (nach Arthur Danto die zentrale Frage der Gegenwartsphilosophie) immer schon vor jeder möglichen Antwort beantwortet. Und es ginge nur noch darum, das, was im Vorhinein schon da und gegeben ist, aus*findig* zu machen.
Die auf die Dass-Voraussetzung folgenden Bestimmungen des Wie-Verhältnisses sind kontingent. Infolge der Dass-Voraussetzung kann das Wie-Verhältnis beliebig bestimmt werden. Der Dualist kann die Beliebigkeit der Bestimmung des Wie-Verhältnisses nur ausschalten, indem er aus seiner eigenen Antwort auf die Frage nach dem Wie des Verhältnisses der Glieder der Dichotomien *die* Antwort macht.
Dies geschieht durch eine Apriorisierung des Resultats sei-

ner Wie-Bestimmung, durch eine Projektion der Wie-Bestimmung in die Dass-Voraussetzung der Dichotomie. Die Dass-Voraussetzung wird mithilfe der Wie-Bestimmung angegeben und zu einer Dass-&-Wie-Dichotomie erweitert. Das Ergebnis der Wie-Bestimmung wird dieser vorausgesetzt. Damit kommt es zu einer *Entsprechung* zwischen der um das Wie-Verhältnis erweiterten Dass-Voraussetzung und dem Wie-Verhältnis. Durch diese Entsprechung erlangt die eigene Bestimmung des Wie-Verhältnisses eine Priorität vor den übrigen Bestimmungen des Wie-Verhältnisses. Der Platz für die übrigen Wie-Verhältnisse wird damit im Voraus ihrer Bestimmung besetzt: *Sie können der Dass-Voraussetzung nicht mehr entsprechen und sind nicht mehr kontingent, sondern falsch.* Mit dieser Vorgangsweise werden die je eigenen Wie-Bestimmungen zu Voraussetzungen nicht nur für diese selbst, sondern auch für alle übrigen Wie-Bestimmungen. Jeder macht aus den eigenen Setzungen im Verlauf des Diskurses Voraus-Setzungen auch für die Setzungen/Wie-Bestimmungen der anderen Diskursteilnehmer.

Diese Vorgangsweise bildet einen zentralen Zug der dualistischen Argumentationsweise. Die Kontingenz der Wie-Bestimmungen wird durch eine zirkuläre Argumentation aufgehoben. Diese Argumentationstechnik ist erlernbar und kann von jedem Teilnehmer des philosophischen Diskurses angewandt werden, der die dichotomischen Voraussetzungen macht und sie mithilfe der je eigenen Wie-Bestimmung angibt.

Eine zweite Gemeinsamkeit bildet die Wahrheitsorientiertheit der Philosophie: Die Suche nach Wahrheit und Erkenntnis ist ein zentrales Anliegen der dualistischen Philosophie – auch wenn das Wahrheitsinteresse bei einigen gegenwärtigen Positionen in den Hintergrund getreten, ja bei manchen sogar in Verruf geraten ist. Diese Suche, dieses Streben, kann auch als ein Streben nach Übereinstimmung bestimmt werden: als das Streben nach Übereinstimmung zwischen den beiden Gliedern der Dichotomien, zwischen dem Diesseits und dem Jenseits des Diskurses. Und an diesem Streben ändert sich nichts, wenn diese Übereinstimmung nicht mehr durch Wahrheitszuschreibungen bestätigt wird, sondern durch den Einsatz von Ersatzbegriffen wie Viabilität oder Nützlichkeit.

Eine dritte Gemeinsamkeit ist die Richtung des Denkens. Das Denken geht in allen Positionen der Philosophie auf das Objekt des Denkens – was immer als Objekt dienen mag: die Welt, die Wirklichkeit, eine Objektsprache, ein Gegenstand. Unsere Repräsentationen, unsere Beschreibungen der Welt sind auf diese gerichtet. Unser Reden ist auf das, worüber wir reden, gerichtet. Die Suche nach Erkenntnis richtet sich auf das Objekt der Erkenntnis. »Unsere Denkweise ist auf Gegenstände gerichtet.«[7] Die »Wort-(oder Geist)-auf-Welt-Ausrichtung«[8], der »Weltbezug«[9] der Erkenntnisanstrengungen ist für dualistische Denker unvermeidlich. Die Frage, ob eine andere Richtung des Denkens vorstellbar ist, wird nicht gestellt.

11. Diese Gemeinsamkeiten sind nichthinterfragte Voraussetzungen des philosophischen Diskurses. Sie bilden vor allen Differenzen den Basiskonsens der dualistischen Philosophie. Erst nach diesen gemeinsamen Voraussetzungen können Meinungsverschiedenheiten zwischen den einzelnen philosophischen Positionen einsetzen. Aus diesen Voraussetzungen beziehen die Philosophen ihre Probleme, und sie schützen sich vor dem Verlust dieser Probleme, indem sie diese Unterscheidungen als *conditio sine qua non* des Philosophierens, ja des rationalen Diskurses überhaupt, be-

greifen. Sowohl die Dass-Voraussetzung der Dichotomien als auch die Wahrheitsorientiertheit und die Richtung des Denkens sind *optional.* Wir können uns für sie entscheiden, aber wir müssen uns nicht für sie entscheiden.

12. Probleme und Fragen, die sich infolge dieser gemeinsamen Voraussetzungen ergeben, sind:
Wie verhalten sich Sprache und Wirklichkeit, Sprache und Welt, Beschreibung und Objekt zueinander?
Bildet die Sprache die Wirklichkeit ab oder bringt sie diese hervor? Ist die Welt von der Sprache abhängig oder umgekehrt? Sind Sprache und Welt vielleicht unentwirrbar miteinander verbunden, ineinander verwoben?
Besitzen die Objekte eine Identität gegenüber ihren Beschreibungen oder nicht?
Worauf beziehen wir uns, wenn wir reden und beschreiben? Auf unabhängige Objekte oder auf subjektabhängige Objektkonstruktionen? Wie bezieht sich unser Reden über die Welt auf diese?
Wie kann Sprache an die Welt andocken?
Wie verhält sich das Dargestellte zur Darstellung?
Bestimmt das erste Glied der Dichotomien das zweite Glied der Dichotomien oder umgekehrt?
(Zwar wird gegen Vertreter von relativistischen, konstruktivistischen und dekonstruktivistischen Auffassungen manchmal der Vorwurf erhoben, dass sie das zweite Glied der Sprache-Welt Dichotomie leugnen, aber dieser Vorwurf wird von allen so Kritisierten zurückgewiesen.)
Ist die Wirklichkeit erkennbar oder nicht?
Wie ist die Wirklichkeit strukturiert?
Ist eine Übereinstimmung zwischen Beschreibung und Objekt, Aussage und Gegenstand möglich? notwendig? feststellbar? Und wenn eine solche Übereinstimmung fest-

stellbar ist, *wie* können wir sie feststellen? Können wir zumindest Falschheit und Irrtum, also Nicht-Übereinstimmung feststellen?
Was ist Wahrheit? Welche Sprach- und Denkmanifestationen (Sätze, Aussagen, Reden, Gedanken, Hypothesen, Theorien) kommen als Kandidaten für Wahrheitszuschreibungen oder zumindest für Falschheitszuschreibungen in Frage?

13. Im Gegensatz zu Richard Rorty habe ich nicht die Absicht, die Philosophen von der Wahnvorstellung zu heilen, dass es erkenntnistheoretische Probleme gibt. Erkenntnistheoretische Probleme sind reale Probleme für jeden Philosophen, der die Dichotomien voraussetzt – und in stark modifizierter Weise gehört auch Rorty noch zu diesen Philosophen.
Die erkenntnistheoretischen Probleme sind Probleme einer Argumentationstechnik und der Versuch, diese Probleme zu lösen, ist der Versuch, diese Argumentationstechnik zu verbessern. Meine Absicht ist es, die Argumentationsfiguren, die Tricks, die Funktionsprinzipien der dualistischen Argumentationsweise transparent zu machen und damit ihre Wirksamkeit zu schwächen.

14. Die hauptsächlichen Möglichkeiten, das Wie der dichotomischen Verhältnisse zu bestimmen, hat Fichte angeführt: »Alles, dessen ich mir bewusst bin, heißt Objekt des Bewusstseins. Es gibt dreierlei Verhältnisse dieses Objekts zum Vorstellenden. Entweder erscheint das Objekt als erst hervorgebracht durch die Vorstellung der Intelligenz oder, als ohne Zutun derselben vorhanden: und, im letzteren Falle, entweder als bestimmt, auch seiner Beschaffenheit nach; oder als vorhanden lediglich seinem Dasein nach, der Be-

schaffenheit nach aber bestimmt durch die freie Intelligenz.«[10]
Auch die verschiedenen Antworten auf die Frage nach der Wahrheit können in einfacher Weise zusammengefasst werden: *Entweder sind Auffassungen (Sätze, Aussagen) wahr, weil sie mit der Wirklichkeit übereinstimmen, oder sie stimmen mit der Wirklichkeit überein, weil sie wahr sind.* Im ersten Fall wird einer Korrespondenztheorie der Wahrheit der Vorzug gegeben, im zweiten Fall einer Kohärenztheorie oder einer Konsenstheorie der Wahrheit.

15. Die Hauptströmungen des dualistischen Denkens haben sich in die verschiedensten Varianten und Subvarianten ausdifferenziert. Bis vor wenigen Jahrzehnten haben realistische Varianten dominiert; gegenwärtig schlägt das Pendel eher in die Richtung von Konstruktionen aus, die dem ersten Glied der Dichotomien den Erkenntnisvorrang einräumen. Warum gelingt es keiner der Hauptversionen des dualistischen Denkens, den philosophischen Diskurs auf Dauer zu bestimmen oder gar zu beherrschen? Vor hundert Jahren waren die meisten Philosophen in England Idealisten und heute sind es die wenigsten. Wie kommt es, dass die philosophischen Probleme und auch die Vorschläge zu ihrer Lösung perennisch werden? Dass der philosophische Diskurs einem Konsens in Richtung auf einen Lösungsvorschlag nicht näher kommt, – ja sich von einem Konsens immer weiter entfernt?

16. Wie kommt es, fragt Leszek Kolakowski, dass »nicht eine der Fragen, die zweieinhalb Jahrtausende die europäische Philosophie lebendig erhalten haben, je zur allgemeinen Zufriedenheit gelöst worden ist – sie alle sind noch immer umstritten ...«.[11]

Dieser Zustand wird immer wieder von Philosophen beklagt. Franz Brentano schrieb etwa in seinem Aufsatz »Über die Zukunft der Philosophie«: »Wo Wissen ist, da ist notwendig Wahrheit; und wo Wahrheit ist, da ist Einigkeit: denn es gibt viele Irrtümer, aber nur *eine* Wahrheit. Blicken wir auf die philosophische Welt um uns. Weit entfernt von Einheit und Übereinstimmung der Lehre, finden wir sie vielmehr in eine große Menge von Schulen zerspalten und zerteilt, sodass hier beinahe das Sprichwort ›So viele Köpfe, so viele Sinne‹, seine volle Bewährung findet.« [12]

Bei René Descartes heißt es im »Discours de la Méthode«: »Von der Philosophie will ich nur so viel sagen: Ich sage, dass sie von den ausgezeichnetsten Köpfen einer Reihe von Jahrhunderten gepflegt worden ist und dass es gleichwohl noch nichts in ihr gibt, worüber nicht gestritten würde und was folglich nicht zweifelhaft wäre ... Wenn ich überlegte, wie viele verschiedene Meinungen es über einen und denselben Gegenstand geben kann, die alle von Gelehrten verteidigt werden, und dass doch immer nur eine einzige wahr sein kann, so galt mir alles bloß Wahrscheinliche für nahezu falsch.« [13]

17. Der Zustand, dass es viele Meinungen über ein und denselben Gegenstand gibt, allein ist noch nicht beklagenswert. [14] Und er ist auch nicht einfach deshalb unerfreulich, weil unter all den verschiedenen Meinungen über ein und denselben Gegenstand nur eine wahr sein kann. Was diesen Zustand für Philosophen so unbefriedigend macht, ist wohl eher, dass alle diese verschiedenen Meinungen mit dem gleichen Anspruch auftreten, nämlich *die* Wahrheit zu sein, obwohl nur eine unter ihnen wahr sein kann. Mit höchstens einer Ausnahme behaupten also alle Meinungen zu Un-

recht von sich, die wahre Meinung zu sein, und auch zu Unrecht, diese Ausnahme zu sein …

Wenn alle Meinungen beanspruchen, *die* wahre Meinung zu sein, dann trägt der Wahrheitsanspruch für die Meinungen zu ihrer Wahrheit nichts bei; er ist für deren Wahrheit irrelevant. Dann sind die Meinungen wahr oder unwahr, unabhängig davon, ob für sie Wahrheit oder Unwahrheit beansprucht wird oder nicht. Die Wahrheit oder Unwahrheit einer Meinung ist nicht eine Angelegenheit, die von der Meinung selbst entschieden wird. Über ihre Wahrheit oder Unwahrheit wird von einer (Wahrheits-)Instanz in einem Jenseits des Meinungsdiskurses aus entschieden, wobei diese Instanz je nach Wahrheitstheorie verschieden bestimmt wird. Die Entscheidungen dieser Instanz, die im Jenseits des Diskurses immer schon gefallen sind, werden im Diesseits des Diskurses bloß verkündet. Nun bilden aber jene, die diese Entscheidungen stellvertretend für die jenseitige Instanz verkünden, eine Personalunion mit jenen, die beanspruchen die wahre Meinung zu vertreten …

18. Die einzelnen Lösungsvorschläge für die philosophischen Probleme treten mit dem Anspruch auf, nicht nur *eine* Antwort auf die Frage nach dem Verhältnis zwischen den Gliedern der Dichotomien und ihren Elementen zu geben, sondern *die* Antwort. Die Idee, dass es so etwas gibt wie *die* Antwort, setzt jedoch voraus, dass das Wie des Verhältnisses zwischen den Gliedern der Dichotomien schon im Vorhinein der Lösungsvorschläge festgestanden hat. Die Erkenntnisleistungen können damit nur feststellen, was auch ohne sie schon feststeht.

19. Diese Idee führt zu einer merkwürdigen Situation in der dualistischen Philosophie: Obwohl jeder Lösungsvor-

schlag für ein Problem den Anspruch erhebt, *die* Lösung zu sein, ist es damit nicht getan. Der Lösungsanspruch wird, wenn überhaupt, nur von einigen Teilnehmern des philosophischen Diskurses eingelöst, und ständig werden neue Problemlösungsvorschläge mit dem gleichen Anspruch vorgebracht. Die Ansprüche werden oft nicht einmal von denen auf Dauer eingelöst, die sie erheben. Ludwig Wittgenstein hat schon wenige Jahre, nachdem er die Probleme im Traktat endgültig für gelöst erklärt hatte, gleiche und ähnliche Probleme wieder diskutiert.

Oft heißt es einfach, dass die übrigen Problemlösungsvorschläge bloß behaupten, dass sie die Probleme lösen, sie in Wirklichkeit aber nicht lösen. Dagegen würden die eigenen Vorschläge die Probleme auch tatsächlich lösen.

Entweder wird zugelassen, dass alle Lösungsvorschläge, wenn sie zumindest von denen eingelöst werden, die sie vorschlagen, auch Lösungen der Probleme sind, die sie zu lösen beanspruchen, oder wir machen einen Unterschied zwischen Problemlösungsversuchen, die erfolgreich sind, und solchen, die nicht erfolgreich sind, zwischen Versuchen, die ein Problem nur zu lösen beanspruchen, ohne es tatsächlich zu lösen, und solchen, die es wirklich lösen. Diese Unterscheidungen sind nur möglich, wenn wir den je eigenen Lösungsvorschlag als Lösung auszeichnen und die übrigen Lösungsvorschläge als bloße Vorschläge.

20. Sind die philosophischen Probleme lösbar oder nicht? Seit mehr als zweitausend Jahren wird von Philosophen immer wieder aufs Neue behauptet, sie hätten die Probleme gelöst. Andererseits hat sich der philosophische Problemkanon seit Platon kaum verändert. Die Probleme haben also ihre Lösungsversuche überdauert.

Jeder neue Versuch, ein philosophisches Problem zu lösen,

bereichert den philosophischen Diskurs um diese Problemlösung – aber das ist nicht die Absicht des Problemlösers: seine Absicht ist es, die übrigen Problemlösungsversuche zu verdrängen und die Pluralität von Lösungsvorschlägen in Richtung auf die eine und wahre Lösung hin zu reduzieren: Aber dieses Ziel wurde noch jedes Mal verfehlt.

Auch hat noch jeder Versuch, die Philosophie überhaupt zu verabschieden, im besten Fall eine neue philosophische Position hervorgebracht. Ja, die Philosophie lebt gewissermaßen von den vergeblichen Versuchen, die bisherigen Lösungsversuche zu verabschieden.

21. Das Interesse dieser Arbeit gilt nicht der Lösung von Problemen, die infolge der dichotomischen Voraussetzungen entstehen: Es geht mir zum Beispiel nicht um die Frage, ob und inwieweit das erste Glied der Dichotomie an der Konstruktion des zweiten Gliedes beteiligt ist, ob die Realität ein Konstrukt ist (der Sprache, des Gehirns, des Menschen, einer Kultur), oder ob sie sprachunabhängig gegeben ist.

Durch die Voraussetzung der Dichotomien kann die dualistische Philosophie den Anspruch erheben, *mehr* zu sein als eine bloße Argumentationsweise: nämlich eine Rekonstruktion von etwas Vorgegebenem, sei es durch die Biologie, die Kultur, die Vernunft oder die Natur. Auch der Konstruktivismus macht Halt vor der Konstruktion jener Voraussetzungen, die ihn ermöglichen.

Dagegen ist der Autor Konstruktivist hinsichtlich der Voraussetzungen: Es geht mir um die Konstruktion der Unterscheidung zwischen Sprache und Realität, Beschreibung und Objekt; um die Frage, wie die Suche nach Wahrheit und Erkenntnis in Gang gesetzt und in Gang gehalten wird und auch darum, wie das Denken auf die Objekte des Denkens gerichtet werden kann: also um die Richtung des Denkens. Um auf diese Fragen eine Antwort geben zu können, bedarf es einer Problematisierung der dichotomischen Voraussetzungen.

22. Eine Problematisierung der dichotomischen Voraussetzungen ist nur möglich, wenn diese Voraussetzungen in den Diskurs einbezogen werden. Dies geschieht im Rahmen einer Vorgangsweise, einer Argumentations- und Denkweise, die eine sprachverschiedene Wirklichkeit, ein Jenseits des Diskurses, weder voraussetzt noch hervorbringt. Ich nenne diese Vorgangsweise »Nicht-dualisierende Redeweise«. Die Nicht-dualisierende Redeweise wird dabei nur soweit entwickelt, als notwendig ist, um die dichotomischen Unterscheidungen zwischen Sprache und Wirklichkeit, Beschreibung und Objekt und ihre Rolle im philosophischen Diskurs rekonstruieren zu können.
Die dichotomischen Unterscheidungen zwischen Sprache und Wirklichkeit, Beschreibung und Objekt, zwischen Diesseits und Jenseits des Diskurses werden als argumentative Setzungen rekonstruiert, die im Verlauf einer anderen Rede- und Argumentationsweise gemacht werden, die für alle Varianten des dualistischen Philosophierens gleichermaßen verbindlich ist. Diese Redeweise nenne ich die »Dualisierende Redeweise«.

23. Diese Problematisierung führt zu einem Problemwechsel: Es geht nicht mehr darum, für die gleichen, traditionellen Probleme neue Lösungen vorzuschlagen, sondern darum, neue Probleme attraktiv zu machen.
Wenn die dichotomischen Unterscheidungen zwischen Sprache und Wirklichkeit, zwischen Aussage und Gegenstand, keine für den Diskurs notwendigen Setzungen im

Voraus des Diskurses sind, dann können wir Fragen stellen und beantworten wie die folgenden:
Wann, wie und wozu werden die dichotomischen Unterscheidungen eingeführt?
Wie werden aus argumentativen Setzungen *im* Diskurs Voraussetzungen *für* den Diskurs gemacht?
Sind diese dichotomischen Setzungen, wenn sie einmal gemacht worden sind, über alle Diskurse hinweg wirksam, oder müssen sie ständig neu gemacht werden – etwa dann, wenn Konflikte auftreten?
Wie konnte es gelingen, die Problematisierung der dichotomischen Voraussetzungen so lange zu verhindern?
Wie wird eine Identität von Objekten erzeugt? Was macht es für einen Sinn, das Denken auf die Objekte des Denkens zu richten, die Beschreibungen auf die Objekte der Beschreibungen, die Aussagen auf das, worüber sie gehen? Ist auch eine andere Richtung des Denkens möglich?

24. Wann, wie und wozu werden Unterscheidungen gemacht, wie jene zwischen wahr und falsch, Wahrheit und Irrtum, wahr sein und für wahr halten, subjektiv, intersubjektiv und objektiv, rational und irrational, real und irreal?
Welche Rolle spielen Wahr-Falsch-Unterscheidungen im Diskurs? Wenn Wahrheit ein Diskursregulativ ist: wie werden Diskurse durch Wahrheit reguliert? In welche Richtung? Auf die eine und wahre Auffassung hin? Oder auf die Realität hin? Oder auf beides? Können oder müssen Wahrheitsansprüche die Auffassungen überschreiten, auf die sie erhoben werden? Wie wird gar eine Transsubjektivität von Wahrheitsansprüchen begründet?

25. Sind die Unterscheidungen zwischen Wahrnehmung und Illusion, Fakten und Fiktionen, kontingent oder nichtkon-

tingent? Gibt es Unterschiede zwischen Wahrnehmung und Illusion, zwischen Fakten und Fiktionen unabhängig von uns oder nur dann, wenn wir sie machen? Es genügt schon, die Objektivität solcher Unterscheidungen infrage zu stellen, um sich dem schwersten Vorwurf auszusetzen, den ein dualistischer Philosoph erheben kann: dem Vorwurf der Beliebigkeit. Noretta Koertge geht so weit zu behaupten, dass »to violate a person's ability to distinguish between fact and fantasy is the epistemological equivalent of rape«[15] und Eric Hobsbawm beklagt »das Aufkommen der postmodernen intellektuellen Moden an den Universitäten des Westens ..., die implizieren, dass alle Fakten, die eine objektive Existenz beanspruchen, nur geistige Konstrukte seien. Kurz, dass es keinen eindeutigen Unterschied zwischen Fakten und Fiktionen gibt. Es gibt ihn aber, und für Historiker, selbst für die eingefleischtesten Antipositivisten unter uns, ist die Fähigkeit, zwischen den beiden zu unterscheiden, elementar.«[16]

26. Wir fragen dagegen: Wie kann Philosophie der Beliebigkeit entgehen? Durch die Umwandlung von argumentativen Setzungen in Voraus-Setzungen für die (weitere) Argumentation? Durch eine Dualisierung der Erkenntnissituation? Wie wird die Erkenntnissituation dualisiert in ein Objekt der Erkenntnis und eine Erkenntnis des Objekts? Wie wird die Beschreibungssituation dualisiert in ein Objekt der Beschreibung und eine Beschreibung des Objekts? Kann die dualistische Philosophie eine Nicht-Beliebigkeit ihrer Unterscheidungen begründen? Oder nur dogmatisch voraussetzen?
Ist Philosophie mehr als eine Argumentationstechnik? Wenn ja, was ist dieses »Mehr«?

27. Eine Entscheidung für eine neue Philosophie ist auch eine Entscheidung für neue Probleme. Der Versuch, diese Probleme attraktiv zu machen, ist mit einer Reihe von Schwierigkeiten verbunden. Die Ansicht ist in der Philosophie weit verbreitet, dass der philosophische Nordpol längst entdeckt ist, und dass wir uns also auf eine Diskussion der Routen beschränken sollen, die zu ihm führen; überhaupt, dass wir auch so schon genügend und genügend große Probleme haben und uns daher nicht noch neue Probleme schaffen sollen.

Wir haben alle eine Sozialisation in das dualistische Erkenntnisparadogma mitgemacht. Zwar ist die dualistische Denkhaltung *optional*, aber wir wurden nicht danach gefragt, ob wir uns für sie entscheiden wollen oder nicht. Die dualistische Denkhaltung hat die abendländische Geistesgeschichte geprägt und unsere Erziehung war auch eine Sozialisation in diese Denkhaltung. Das Neue, eine neue Denkweise in unserem Fall, wird dann unvernünftig, wenn es so grundsätzlich anders ist, dass es aus dem Bezugsrahmen fällt, in dem wir unsere Begriffe bilden, gebildet haben und anwenden.

Hinzu kommt, dass sich kaum Termini finden lassen, die nicht durch die dualistische Denktradition vorgeprägt sind. Diese Erfahrung hat schon Paul Feyerabend gemacht: »Unsere Terminologie ist so von objektivistischer Ideologie durchdrungen, dass man sie in paradoxer Weise anwenden muss, um Ansichten von anderer Art zu beschreiben.« [17]

28. Der kritische Teil dieser Arbeit ist eine Konstruktion der dualistischen Argumentationstechnik und ihrer Voraussetzungen. Ein Ziel ist erreicht, wenn der Dualist meine Konstruktion als *Re*konstruktion versteht, wenn der Dualist meine Präsentation des dualistischen Diskurses als *Re*prä-

sentation seines Diskurses akzeptiert. Insofern dieses Ziel erreicht wird, ist die dualistische Argumentation nicht mehr länger persuasiv: sie wird transparent sein und nicht mehr transzendent.

Anmerkungen

1 Charles W. Morris, *Symbolik und Realität*, Frankfurt 1981, 180.

2 Vgl. Wilhelm Lütterfelds, »Für eine Realismus-verträgliche Variante des Konstruktivismus«, in: *Ethik und Sozialwissenschaften* 9/4, Opladen 1998, 547 ff.

3 Ernest Gellner, Stichwort »Relativismus (1)«, in: Seiffert/Radnitzky (Hg.), *Handlexikon der Wissenschaftstheorie*, München 1992, 291. Einige Beispiele dafür, wie drastisch die Einschätzungen philosophischer Richtungen durch ihre Kritiker sein können: Karl Popper hat dem Relativismus unterstellt, dass er zur »Anarchie, zur Rechtlosigkeit und Gewalt führt« (Karl Popper, »Duldsamkeit und intellektuelle Verantwortlichkeit«, in: Kreuzer (Hg.): *Offene Gesellschaft – Offenes Universum*, Wien 1983, 106). Bertrand Russell brandmarkte den Pragmatismus als (unfreiwilligen) Wegbereiter des Faschismus (Bertrand Russell, *Philosophische und politische Aufsätze*, Stuttgart 1971, 91). Umgekehrt haben auch NS-Philosophen relativistische Einstellungen und Denkweisen wegen ihrer Affinität zu Judentum, Demokratie und Liberalismus scharf kritisiert (vgl. Poliakov/Wulf (Hg.), *Das Dritte Reich und seine Denker*, Wiesbaden 1989). Nach Isaiah Berlin »betrachteten die Idealisten in Cambridge den (Neo-)Positivismus als Rückfall in Ideenbarbarei und Irrationalismus.« (Isaiah Berlin, »J. L. Austin und die Anfänge der Oxford Philosophy«, in: *Neue Rundschau* 3/1998). Und für den Neopositivisten David Stove wiederum sind die Werke der Idealisten »sick men's dreams«. (David Stove, *The Plato Cult and Other Philosophical Follies*, Oxford 1991, 200.)

4 Leszek Kolakowski, *Horror Metaphysicus*, München/Zürich 1988, 7.

5 Peter Redpath, »Philosophy and the Future of Higher Education«, in: *Contemporary Philosophy* XIX, 49.

6 Vgl. Mario Bunge, »Charlatanism in Academia«, in: Gross/Levitt (Hg.), *The Flight from Science and Reason*, New York 1997, 96–117.
7 Vgl. Willard v. O. Quine, *Ontologische Relativität und andere Schriften*, Stuttgart 1975, 14.
8 Vgl. John Searle, *Die Konstruktion der Gesellschaftlichen Wirklichkeit*, Reinbek bei Hamburg 1997.
9 Vgl. Jürgen Habermas, »Richtigkeit vs. Wahrheit«, in: *Deutsche Zeitschrift für Philosophie* 46, 188.
10 Johann Gottlieb Fichte, *Versuch einer neuen Darstellung der Wissenschaftslehre* (1797/98), Hamburg 1975, 9.
11 Leszek Kolakowski, *Horror Metaphysicus*, München/Zürich 1988, 107.
12 Franz Brentano, *Über die Zukunft der Philosophie*, Hamburg 1968, 87.
13 René Descartes, *Discours de la Méthode*, Hamburg 1960, 15.
14 Der Autor würde einen Zustand beklagenswert finden, in dem alle immer die gleichen Meinungen vertreten.
15 Noretta Koertge, »Wrestling with the Social Constructor«, in: Gross/Levitt (Hg.), *The Flight from Science and Reason*, New York 1997, 274.
16 Eric Hobsbawm, *New York Review of Books* 1993/16, 12.
17 Paul K. Feyerabend, *Wider den Methodenzwang*, Frankfurt 1976.

DIE FLUCHT AUS DER BELIEBIGKEIT

1. Wir reden nicht bloß einfach daher oder drauflos: wir reden über Häuser, Bäume, Neutronen oder über das Universum, über Gefühle, uns selbst und andere Menschen oder über das, worüber andere reden oder geredet haben.

2. Wenn wir das »Reden-über« zum Gegenstand philosophischer Reflexion machen, wenn wir mit dem »Reden über« unsere philosophischen Überlegungen beginnen, dann bieten sich zumindest zwei Optionen an: eine dualistische Option auf eine dualisierende Redeweise und eine nicht-dualistische Option auf eine nicht-dualisierende Redeweise.
   Die dualistische Option des »Reden-über« ist uns durch die Sozialisation in die Denkgewohnheiten der philosophischen Tradition derart vertraut geworden, dass eine Alternative kaum vorstellbar ist.
   Die Entscheidung für die dualistische Option ist eine Entscheidung, die bereits am Anfang der philosophischen Erziehung fällt und die, nachdem sie gefallen ist, nicht mehr in Frage gestellt wird.

3. Die Probleme, die den philosophischen Diskurs seit jeher bestimmen, treten erst nach der Entscheidung für diese Option auf. Solange wir infolge der dualistischen Voraussetzungen philosophieren, bildet die dualistische Denkweise keine Option, für oder gegen die wir uns entscheiden können.
   Um die dualistische Denkweise optional zu machen, versu-

che ich, den Bereich des Selbstverständlichen, des Trivialen in der dualistischen Denkweise zur Sprache zu bringen und ihr »tacit knowledge«, ihre stillschweigend gemachten Voraussetzungen explizit zu machen.

4. Eine rationale Alternative zum dualistischen Denken setzt voraus, dass Rationalität nicht bloß infolge der dualistischen Voraussetzungen möglich ist. Und warum sollte eine rationale Argumentation ohne dualistische Voraussetzungen unmöglich sein – wenn wir die Schwierigkeiten berücksichtigen, in die dualistisches Argumentieren gerät: die Problematik von Wahrheit, Falschheit und Irrtum, von Wahrnehmung und Illusion, von Sein und Schein, die Selbstanwendungsproblematik, die immanente Zirkularität, die Problematik der Unterscheidung von Beschreibung und Objekt, Rede und Gegenstand der Rede, die vergebliche Flucht aus der Beliebigkeit.

5. Die dualistische Denkweise wird durch Voraussetzungen bestimmt. Diese Voraussetzungen legen fest, wie das »Reden über«, das »Aussagen machen über«, das »Beschreiben von« und das »Erkennen von« philosophisch gedeutet werden.

6. Wie verläuft das dualistische »Reden über«?
Der Dualist, der über ein Objekt redet, setzt das Objekt *unter* die Rede über das Objekt. Nur so ist für den Dualisten ein Reden *über* das Objekt vorstellbar.
Das Objekt wird unter die Rede gestellt, über das (daher) die Rede geht.

7. Für dualistisches Reden über ein Objekt der Rede, Aussagen machen über Objekte von Aussagen und Beschreiben von Objekten von Beschreibungen braucht es zwei Ebenen:

Die eine Ebene ist die *Sprachebene*, auf der das Beschreiben der Objekte, das Reden über Objekte, das Aussagen machen über Gegenstände stattfindet, und die andere Ebene ist die *Objektebene*, auf der die Objekte von Reden, Beschreibungen, Aussagen, Theorien etc. liegen.

8. Diese zwei Ebenen unterscheiden und trennen die Beschreibung des Objekts vom Objekt der Beschreibung, die Wahrnehmung des Objekts vom Objekt der Wahrnehmung, die Aussage vom Gegenstand der Aussage, was wir reden von dem, worüber wir reden, Theorien von ihrem Gegenstandsbereich und Hypothesen von dem, worüber sie gemacht werden.
Die Unterscheidung zwischen Sprachebene und Objektebene kann auch in eine Unterscheidung zwischen Metasprachebene und Objektsprachebene spezifiziert werden, wenn Beschreibungen beschrieben werden, wenn wir über eine (schon gemachte) Aussage eine (weitere) Aussage machen, über eine Rede reden etc.
Statt von einer Objektebene können wir auch von einer Weltebene, von einer Ebene der Wirklichkeit oder der Realität reden, je nachdem welche Variante des dualistischen Denkens vertreten wird.
Der Dualismus hat sich derart ausdifferenziert, dass jede (Re-)Konstruktion des dualistischen Denkens viele Ausdifferenzierungen unberücksichtigt lässt.

9. *Wie* sich diese beiden Ebenen zueinander verhalten, ist innerhalb der dualistischen Denkweise kontrovers, *dass* sie zueinander in einem Verhältnis stehen, *dass* sie voneinander unterschieden sind und daher auch im Diskurs unterschieden werden müssen, ist nicht kontrovers.
Die Unterscheidung zwischen Sprachebene und Objekt-

ebene bildet einen Grundkonsens allen dualistischen Denkens.
Diesen Unterschied gibt es, ob wir ihn machen oder nicht: er ist die Voraussetzung, um rational über die Welt reden zu können, um sie erkennen zu können, um sie richtig oder adäquat beschreiben zu können, ja sogar um falsche Aussagen über sie machen zu können.

10. Sprachebene und Objektebene sind kategorial voneinander unterschieden und dürfen nicht verwechselt werden, damit die dualistische Argumentationstechnik in Gang gesetzt werden kann.
Der Vorwurf der Verwechslung ist oft nichts weiter als der Vorwurf, dass die kritisierte Position die Unterscheidungen nicht macht oder nicht machen will, die jene Position macht, von der aus der Vorwurf der Verwechslung erhoben wird.
Die Verwechslungen des Anderen: das sind die Unterschiede, die wir machen und er nicht.

11. Infolge der Unterscheidung zwischen Sprach- und Objektebene können alle weiteren Unterscheidungen konstruktivistisch gemacht oder realistisch vorausgesetzt werden:
a) wir machen Unterschiede und daher gibt es sie;
b) es gibt Unterschiede und daher machen wir sie.
Für den Konstruktivisten werden die Unterschiede in der Objektebene auf der Sprachebene »aktiv« gemacht und festgelegt; es gibt diese Unterschiede, weil und solange er sie macht.
Für den Realisten bestehen die Unterschiede in der Objektebene an und für sich und werden in der Sprachebene »passiv« rekonstruiert und nachvollzogen.
Konstruktivismus und Realismus machen einander Kon-

zessionen: Alltagsdiskurse werden von Konstruktivisten häufig realistisch interpretiert und die soziale Wirklichkeit ist auch für viele Realisten ein Konstrukt.

12. Die Unterscheidung in Sprach- und Objektebene ist für den Dualisten eine Diskursvoraussetzung.
Eine Diskursvoraussetzung ist eine Setzung/Unterscheidung im Voraus eines Diskurses, der durch diese Voraussetzung bestimmt wird.
Ist die Unterscheidung zwischen Sprach- und Objektebene eine Diskursvoraussetzung oder eine diskursive Setzung?
Wird diese Unterscheidung *im* Diskurs gemacht oder wird sie diesem vorausgesetzt – also gesetzt im Voraus jeder Erkenntnistätigkeit, jeden Beschreibens, jeden Redens oder Aussagens?
Ist die Unterscheidung zwischen Objekt- und Sprachebene eine Erkenntnis, die jeder weiteren Erkenntnis vorausgeht, eine ›Grundsatzerkenntnis‹?
Wird diese Voraussetzung ein und für alle Mal gemacht, gilt sie über alle Diskurse hinweg, oder wird diese Voraussetzung in bestimmten Diskurssituationen immer wieder aufs Neue gemacht: nämlich dann, wenn die dualistische Argumentationstechnik eingesetzt wird?

13. Beschreibungen sind immer Beschreibungen von Etwas, wobei nach dualistischem Verständnis das Etwas, das beschrieben wird, keine Beschreibung ist (oder eine objektsprachliche Beschreibung, die von einer metasprachlichen Beschreibung beschrieben wird).
Eine Erkenntnis ist immer eine Erkenntnis von Etwas, von einem Erkenntnisobjekt, wobei das Objekt der Erkenntnis keine Erkenntnis ist.

Objekte von Aussagen sind keine Aussagen und der Gegenstandsbereich einer Theorie ist keine Theorie.

14. Die Objekte von Beschreibungen, von Reden und Aussagen verbleiben immer auf der Objektebene und die Beschreibungen, Reden und Aussagen auf der darüber liegenden Sprachebene. Wenn wir aber über das Reden über das Objekt reden, wird das Reden über das Objekt zu einer Objektsprachebene unterhalb einer Metasprachebene und die Dichotomie zwischen Sprach- und Objektebene bleibt damit erhalten.

15. Objektebene und Sprachebene werden in allen Varianten des Dualismus unterschieden. Sie sind nicht beziehungslos, sondern miteinander verbunden.
Worin besteht die Verbindung zwischen diesen Ebenen? Die Verbindung besteht darin, dass sich die Sprachebene auf die Objektebene *bezieht*: Beschreibungen beziehen sich auf das Objekt, das sie beschreiben, die Rede auf das Objekt der Rede, der Satz auf den Gegenstand des Satzes, Theorien auf ihren Gegenstandsbereich.
Im dualistischen Verständnis ist es der Bezug auf das, worüber wir reden, wenn wir reden, der unser Reden sozusagen in Ordnung hält, der sicherstellt, dass wir nicht einfach beliebig drauflos reden, dass unser Reden eine Richtung hat und ein Ziel.
Wenn jemand den Bezug zur Welt verliert, dann ›hebt er ab‹ und das geht selten gut.
Damit die Beschreibungen nicht ziellos sind, müssen sie eine Richtung haben und diese Richtung wird durch das Objekt vorgegeben. Die Beschreibungen des Objekts richten sich auf das Objekt der Beschreibung und das Objekt der Beschreibung richtet die Beschreibung …

16. Worin besteht die Beziehung zwischen Sprachebene und Objektebene? Wie kann eine solche Beziehung hergestellt werden? Besteht diese Beziehung etwa immer schon »automatisch«?
Wie kann sichergestellt werden, dass der Ausdruck »Schnee« in der Objektebene an Schnee andockt und nicht an Wasser, dass der Ausdruck »Holz« an Holz andockt und nicht an Eisen?
Erst wenn ein solches Andocken, vielmehr eine solche Verankerung erfolgt ist, kann die Beschreibung des Objekts beginnen.
Und worauf beziehen sich Ausdrücke wie »Phlogiston«, »Äther«, »Virus« und »Neutron«? Einfach darauf, worauf sie bezogen werden? Wer bestimmt in solchen Fällen, worüber wir reden? Die Objektebene? Wir? Oder ein Kritiker, der das Objekt der Beschreibung anders bestimmt als der Kritisierte?
Wenn Kritiker sagen, dass Sprecher, die über Phlogiston oder über Einhörner reden, nicht über Einhörner oder Phlogiston reden, sondern über Fiktionen – dann reden diese Sprecher über Referenzobjekte, die ihnen von den Kritikern ihrer Auffassungen unterschoben werden.

17. Die Beziehung zwischen Sprachebene und Objektebene kann auch als Übereinstimmung oder Nichtübereinstimmung zwischen einem Element (Ausdruck, Satz, Beschreibung, Rede, Theorie) der Sprachebene mit einem Element der Objektebene (Objekt, Gegenstand, Sachverhalt, das Seiende) bestimmt werden.

18. Auf der Sprachebene gibt es die verschiedensten Beschreibungen, Aussagen und Hypothesen über Objekte und Gegenstände in der Objektebene.

Die Manifestationen in der Sprachebene können fluktuieren und sich ändern. Sie sind vieles. Das, worauf sie sich beziehen, ist eins.
Das erste Glied der Dichotomie ist variabel, das zweite Glied ist invariabel.
Es gibt viele Möglichkeiten, das Objekt zu beschreiben. Für das Objekt gibt es sozusagen nur eine Möglichkeit: so zu sein, wie es ist.
Das Beschreibungsobjekt ist beschreibungsresistent.
Der Gegenstand einer Aussage steht der Aussage entgegen.
Die Elemente der Objektebene besitzen eine Identität gegenüber den Elementen der Sprachebene.
In der Sprachebene herrscht Pluralismus, in der Objektebene herrscht Monismus.
Je nach Variante des dualistischen Denkens ist im Verhältnis zwischen Sprachebene und Objektebene einmal das erste Glied dieser Dichotomie dominant, einmal das zweite Glied.

19. Die Übereinstimmung zwischen Beschreibung und Objekt, zwischen der Sprachleistung und ihrem Bezugsobjekt auf der Objektebene ist nicht selbstverständlich.
Diese Übereinstimmung ist ein Ziel. Wenn dieses Ziel erreicht wird, sprechen wir von Wahrheit, wenn es verfehlt wird, sprechen wir von Unwahrheit oder Irrtum.

20. Das Objekt, das den Beschreibungen und Aussagen vorausgesetzt ist, die sich auf das Objekt beziehen, steht außer Frage. Damit verschiedene Beschreibungen eines Gegenstandes in Frage stehen oder einander widersprechen können, muss außer Frage stehen, worauf sich die Beschreibungen beziehen. Das Objekt der Beschreibungen steht (oder liegt) unterhalb des Diskurses über das Objekt und damit auch außerhalb und jenseits des Diskurses.

21. Die Objektebene ist für alle Diskursteilnehmer gleich. Die Sprachebene wird von den Sprechern verschieden bestimmt.
Das Vorliegen von mehreren miteinander unverträglichen Beschreibungen ein und desselben Objekts ist ein Zustand, der für den dualistischen Philosophen unbefriedigend ist.
Dieser Zustand kann dadurch behoben werden, dass eine Reduktion der verschiedenen Beschreibungen vorgenommen wird.
Es geht dabei um eine Reduktion der Beschreibungen in Richtung auf jene Beschreibung, die das Ziel einer Übereinstimmung zwischen Beschreibung und Objekt am besten erreicht.
Der Zustand, der auf der Objektebene bereits herrscht – jeweils ein Objekt für noch so viele und verschiedene Beschreibungen von ihm – soll auch in der Sprachebene erreicht werden. Die Pluralität von Beschreibungen auf der Sprachebene soll in einen Monismus überführt werden, der mit der Objektebene korrespondiert und ihr entspricht. Dissens im Diskurs soll in einen Konsens aufgelöst werden, und zwar nicht in irgendeinen beliebigen Konsens, sondern in einen wahren Konsens.

22. Wie und sogar ob dieses Ziel erreicht werden kann, darüber gehen die Meinungen innerhalb des dualistischen Denkens auseinander.
Darüber, wie dieser Konsens erreicht werden kann, herrscht im dualistischen Denken Dissens.

23. Nicht nur wahre Beschreibungen beziehen sich auf das Objekt der Beschreibungen, auch falsche Beschreibungen sind auf das Objekt der Beschreibungen gerichtet. Insofern Be-

schreibungen die Übereinstimmung mit dem Objekt verfehlen, also falsch sind, stehen sie im Verhältnis der Nichtübereinstimmung zwischen Objekt und Beschreibung.
Beschreibungen können mit dem Objekt, das sie beschreiben, übereinstimmen oder nicht: Die Nichtübereinstimmung ist jedoch nicht total: Das Objekt der wahren und übereinstimmenden Beschreibung ist auch das Objekt der falschen Beschreibungen – ansonsten wären die falschen Beschreibungen des Objekts keine Beschreibungen des Objekts mehr: Sie wären dann nicht mehr falsch, sondern Beschreibungen eines anderen Objekts.
Damit Beschreibungen falsch sein können, müssen sie hinsichtlich der Angabe(beschreibung) des Objekts mit dem Objekt und also auch mit der wahren Objektbeschreibung übereinstimmen.
Eine falsche Beschreibung des Tisches in der Ecke muss zumindest den Tisch in der Ecke beschreiben und nicht den Stuhl in der Mitte – sonst wäre die Beschreibung eben nicht mehr eine Beschreibung des Tisches in der Ecke, sondern eine Beschreibung des Stuhles in der Mitte. Wie falsch kann und darf die Beschreibung eines Apfels sein, damit sie noch Beschreibung des Apfels ist?

24. Was die Beschreibungen des Objekts erst erreichen sollen: die Übereinstimmung mit dem Objekt, das ist für die Angabebeschreibung des Objekts schon gelungen: die Übereinstimmung, die Ent-sprechung, mit dem Objekt im Jenseits des Diskurses.

25. Damit die Beschreibungen des Objekts in Frage stehen können, muss die Angabebeschreibung /Objekt/ außer Frage stehen.
Damit wir diskutieren können, wie der Tisch in der Ecke

ist (braun oder nicht braun, aus Holz oder nicht, so oder anders), dürfen wir nicht diskutieren, dass der Tisch in der Ecke ist (und auch nicht, dass ein Tisch in der Ecke ist und nicht etwa ein anderer Gegenstand). Die Angabebeschreibung /der Tisch in der Ecke/ steht außer Diskussion.
Zwar kann die Angabebeschreibung jederzeit in Zweifel gezogen werden: aber dann erfolgt ein Diskurswechsel: etwa von einem Diskurs über den Tisch in der Ecke zu einem Diskurs über das Möbelstück in der Ecke.

26. Wenn wir einen Gegenstand beschreiben, zum Beispiel den Schnee auf dem Berg, dann beschreiben wir ihn vielleicht so: »Der Schnee auf dem Berg ist weiß.« Der Satz »Der Schnee auf dem Berg ist weiß.« bezieht sich auf den Schnee auf dem Berg.
Der Satz »Der Schnee auf dem Berg ist weiß.« auf der Sprachebene stimmt mit dem Gegenstand des Satzes auf der Objektebene dann überein, wenn der Schnee auf dem Berg weiß ist.

27. »Der Schnee ist weiß.«, »Der Tisch ist braun.«, »Die Katze ist auf der Matte.«, »Der Mt. Everest ist ein Berg im Himalaja.«: Die meisten Beispiele, die im dualistischen Diskurs verwendet werden, um zu demonstrieren, wann und worin eine Übereinstimmung zwischen Beschreibung und Objekt besteht, sind von dieser Art. Es sind Beschreibungen, Sätze und Aussagen, an deren Wahrheit kein halbwegs gebildeter Mensch zweifelt. Die Wahl anderer Beispiele, etwa »Aids ist (k)eine Viruserkrankung.« oder »Perchlorethylen ist (nicht) kanzerogen.« oder »Es gibt (keine) Quarks.« könnte dazu führen, dass wir darüber diskutieren, ob Aids (k)eine Viruserkrankung ist, ob und warum Perchlorethylen (nicht) kanzerogen ist, ob es Quarks gibt oder nicht.

Solche Beispiele erschweren die Diskussion: Es kann gut sein, dass Philosophen nicht in der Lage sind zu entscheiden, ob diese oder jene Auffassung über Aids oder Perchlorethylen die wahre oder die falsche sei. Wenn sich Philosophen jedoch eine solche Entscheidung zutrauen, dann kann diese Entscheidung kontrovers ausfallen: Das hätte zur Folge, dass diese Philosophen vielleicht die gleiche Wahrheitstheorie vertreten, aber Wahrheit mit gegensätzlichen Beispielen illustrieren.

28. Es wird unterstellt, dass die Beispielsätze wahre Sätze sind. Der Schnee ist weiß, der Tisch ist braun, der Mount Everest ein Berg im Himalaja und die Katze liegt auf der Matte. Tarski interessiert nicht, ob der Schnee weiß ist (das weiß er), sondern was es heißt, dass ein Satz wahr ist, wann und unter welchen Bedingungen ein Satz wahr ist.
In den seltenen Fällen, in denen Falschheit und Irrtum zum Thema gemacht werden, dienen Sätze als Beispiele, deren Falschheit offensichtlich ist und die kein vernünftiger Mensch je vertreten würde.

29. Die Sätze, die als Beispiele gewählt werden, stehen außer Frage: Es soll gerade nicht diskutiert werden, ob die Beispielsätze wahr sind: Ihre Wahrheit oder Falschheit wird vorausgesetzt, andernfalls würden die Diskursteilnehmer nicht mehr das Wahrheitsproblem diskutieren, sondern vielleicht medizinische oder physikalische Probleme. (Zwar können auch die Beispiele der »Schnee-ist-weiß-Klasse« in Frage gestellt werden: Tischlermeister und eigensinniger Lehrling können sehr wohl verschiedener Meinung sein, ob ein Tisch rund ist oder nicht – aber dann geht es um Probleme zwischen Tischlern und nicht um philosophische Probleme.)

Die von den Wahrheitstheorien verwendeten Beispiele sind immer soweit wahr, als die jeweilige Theorie erlaubt.

30. Andererseits sollte es für die dualistische Wahrheitsdiskussion irrelevant sein, ob Beispiele, die für wahre Sätze gewählt werden, »wirklich« oder bloß »vermeintlich« wahr sind.
Sätze sind wahr oder falsch unabhängig davon, ob ihre Wahrheit oder Falschheit festgestellt wird. Die Feststellung der Wahrheit oder Falschheit eines Satzes hat auf seine Wahrheit oder Falschheit keinen Einfluss, ansonsten wäre ein »dualistischer« Irrtum nicht möglich.
Der dualistische Irrtum basiert auf der Beschreibungsresistenz, auf der Identität des Objekts, gegenüber den Beschreibungen. Er wird argumentativ häufig so bestimmt: »Du glaubst nur, dass ... ist, in Wirklichkeit ist es anders.« oder: »Ich war überzeugt, dass Schnee weiß ist, aber nun hat sich herausgestellt, dass Schnee nicht weiß ist.«

31. Die dualistische Denkweise kann ihr Ziel, Beliebigkeit zu vermeiden, nur erreichen, wenn Sätze, die von ihr als »wahr« ausgezeichnet werden, eine größere Wahrheitschance aufweisen, als Sätze, die von ihr als »falsch« ausgezeichnet werden. Zumindest tendenziell soll sie dazu beitragen, dass nur wahre Sätze als »wahr« und nur falsche Sätze als »falsch« ausgezeichnet werden.

32. Wann ist im Dualismus eine Beschreibung, ein Satz, eine Aussage oder eine andere Sprachleistung wahr?
Eine Beschreibung ist dann wahr, wenn das Objekt schon im Vorhinein der Beschreibung so ist, wie es im besten Fall, im Wahrheitsfall beschrieben wird.
Das Objekt ist schon im Vorhinein der Beschreibung so-

weit oder weiter differenziert, als es durch die wahre Beschreibung differenziert wird, die auf das Objekt der Beschreibung gerichtet ist. Diese Voraussetzung des Objekts ermöglicht auch eine Unterscheidung zwischen einer unvollständigen oder teilweisen und einer vielleicht möglichen vollständigen Beschreibung des Objekts.

33. Eine Bestimmung der Wahrheit, die auf Aristoteles zurückgeführt wird, lautet:
»Vom Seienden zu sagen, dass es ist, ist wahr und vom Seienden zu sagen, dass es nicht ist, ist falsch ...«
Diese Wahrheitsbestimmung kann durch ein Standardbeispiel der dualistischen Wahrheitsdiskussion illustriert werden: »Vom weißen Schnee zu sagen, dass er weiß ist, ist wahr und vom weißen Schnee zu sagen, dass er nicht weiß ist, ist falsch.« Eine andere Bestimmung wäre: »Über p zu sagen, dass p, ist wahr und über p zu sagen, dass nicht p, ist falsch.«

34. Welches Objekt beschreibt nun der Satz »Der Schnee ist weiß.«? Den Schnee? Oder den weißen Schnee? Die Bestimmung »Vom weißen Schnee zu sagen, dass er weiß ist, ist wahr und ...« legt nahe, dass der Satz »Der Schnee ist weiß.« den weißen Schnee beschreibt. Aber es ist nicht erkenntnisrelevant, den weißen Schnee als weißen Schnee zu beschreiben; erkenntnisrelevant ist es dagegen, den Schnee als weißen Schnee zu beschreiben.

35. Wenn ich gefragt werde, worüber ich rede, muss ich angeben können, worüber ich rede. Und diese ›Angabe-Rede‹ (oder ›Angabe-Beschreibung‹), mit der ich angebe, worüber ich rede, ist eine »Dass-Voraussetzung« des Objekts, die außer Frage gestellt wird und werden muss, damit ich über-

haupt über das Objekt (*weiter*)reden kann. Zwar kann ich die Angabebeschreibung jederzeit in Frage stellen – aber eine solche Infragestellung führt zu einem Diskurswechsel. Ich werde dann nicht mehr über Schnee reden, sondern vielleicht über Watte, Kokain etc.
Auch wenn ich selbst das Objekt, über das ich rede, nicht in Frage stelle, weil und insoweit ich darüber rede, kann dies ein Anderer tun: Aber dieser Andere nimmt dann nicht *teil* am Diskurs über den Schnee, – er führt einen anderen Diskurs, vielleicht über Staubzucker oder eine rätselhafte weiße Substanz etc.

36. Für eine erkenntnisrelevante Beschreibung des Schnees darf zum Zeitpunkt der Beschreibung noch nicht feststehen, ob der Schnee weiß ist oder nicht. Zwar kann der Satz »Der Schnee ist weiß.« feststellen, dass der Schnee weiß ist, aber diese Feststellung macht den Satz noch nicht zum wahren Satz und den Schnee nicht zum weißen Schnee.
Der Schnee ist weiß oder nicht weiß, unabhängig davon, was vom Schnee behauptet oder festgestellt wird. Erst wenn ich weiß, dass der Schnee weiß ist, kann ich das Objekt der Beschreibung – den Schnee – mit Hilfe der Beschreibung »Der Schnee ist weiß.« angeben. Oder? Ich kann mich ja auch irren. Aber Objekte werden nun einmal mit Hilfe von Beschreibungen angegeben, die der Beschreiber vertritt. Womit sonst sollte er das Objekt angeben? Mit Hilfe von Beschreibungen, die er *nicht* vertritt?

37. (Variante 1) Der Satz »Der Schnee ist weiß.« ist eine Beschreibung des Schnees. Im Wahrheitsfall ist dieser Satz eine Erkenntnis über die Erkenntnis hinaus, die der Beschreibung des Schnees vorausgegangen ist (und vorausgehen musste, um das Objekt für die Beschreibung angeben

zu können). Der Satz »Der Schnee ist weiß.« ist damit eine Erkenntnis *from now on*, welche die Erkenntnis *so far*/ Schnee/ übertrifft. Der Satz ist eine kreative/konstruktive Erkenntnis.

38. (Variante 2) Dagegen ist der Satz »Der Schnee ist weiß.« dann, wenn er den weißen Schnee beschreibt, eine bloße Wiederholung einer Erkenntnis *so far*, einer schon gemachten Erkenntnis. *Dass* der Schnee weiß ist, ist schon zum Zeitpunkt der Beschreibung des Schnees als weiß bekannt. Die Erkenntnis *so far*/der weiße Schnee/ steht zur Erkenntnis *from now on*, die in der Beschreibung »Der Schnee ist weiß.« zum Ausdruck kommt, in einem Verhältnis von 1 : »1«, von p : »p«. Es wird nichts über das hinaus gesagt, was wir schon wissen. Der Satz »Der Schnee ist weiß.« ist, wenn überhaupt, eine rezeptive/realistische/realisierte Erkenntnis und bringt keinen Erkenntnisgewinn.
Das Ziel der Suche nach Wahrheit, Erkenntnis und Übereinstimmung ist durch Beschreibungen, die bloß die Angabe des Objekts *vor* der Beschreibung wiederholen, immer schon erreicht. Und die Beispiele in der dualistischen Wahrheitsdiskussion sind häufig dieser Art.

39. In der zweiten Variante war schon vor der Beschreibung des Objekts bekannt, wie das Objekt (»in Wirklichkeit«) ist. In der ersten Variante kann erst im Nachhinein der Beschreibung des Objekts angegeben werden, *wie* das Objekt schon vor der Beschreibung war.
Diese Angabe kann nur mit Hilfe der Beschreibung des Objekts geschehen. Eine Vorgangsweise, die so eine Entsprechung zwischen Beschreibung und Objekt herstellt, ist zirkulär, dagegen ist die Wahrheitsbestimmung in der zweiten Variante tautologisch.

In der ersten Variante wird zuerst der Anspruch auf Wahrheit für einen Satz erhoben und dann durch diesen Satz eingelöst; in der zweiten Variante werden wahre Sätze als wahr ausgezeichnet.

40. In der Erkenntnis- und Beschreibungspraxis finden wir Sätze der ersten und der zweiten Variante. Eine Situation, in der die zweite Variante dominiert, ist der Diskurs in einer traditionellen Lehr- und Lernsituation.
Der Vortrag des Lehrers gehört zur zweiten Variante. Er geht davon aus, dass seine Beschreibungen nicht mehr auf Wahrheit hin geprüft und beurteilt werden müssen: Sie sind wahr, wenn auch unter Irrtumsvorbehalt, sonst würde er sie nicht vortragen.
Der Lehrer lehrt die Schüler, was er selbst einmal gelernt hat. Er weiß schon im Vorhinein, worüber er spricht. Die Schüler zu unterrichten, heißt für den Lehrer, Erkenntnisse weiterzugeben, die er (vor dem Unterricht) gemacht hat.
Für die Schüler geht es darum, Lern- oder Erkenntnisfortschritte zu machen, ein Wissen über den Wissensstand hinaus zu erwerben, den sie schon haben. Dieses weitergehende Wissen ist das Wissen, das ihnen der Lehrer voraus hat.

41. Wenn der Lehrer den Schüler auffordert, Napoleon zu beschreiben, dann ist für den Schüler das Objekt der zu leistenden Beschreibung Napoleon. Der Schüler beschreibt nun Napoleon vielleicht so: »Napoleon ist der Sieger von Austerlitz.«
Der Lehrer beurteilt die Übereinstimmung zwischen Objekt und Beschreibung des Objekts durch den Schüler danach, ob die Beschreibung des Schülers mit dem Objekt *via* seinem Wissen übereinstimmt.
Für den Schüler ist *Napoleon* das Objekt der Beschreibung

»Napoleon ist der Sieger von Austerlitz.« Aber für den Lehrer ist *Napoleon, der Sieger von Austerlitz (und Verlierer von Waterloo etc. etc.)* das Objekt, das der Schüler beschreibt.
Die Schülerbeschreibung »Napoleon ist der Sieger von Austerlitz.« ist wahr, weil sie dem Objekt entspricht, das der Lehrer dem Schüler vorgegeben hat.
Die Beschreibung »Napoleon ist der Sieger von Austerlitz.« ist für den Schüler eine Beschreibung *from now on*, für den Lehrer ist sie eine Beschreibung *so far*.

42. Die Kompetenz für die Beurteilung von Diskursbeiträgen auf Wahrheit oder Falschheit in der Schule liegt aufseiten des Lehrers.
Selbst wenn Studenten aufgefordert sind, die Leistungen ihrer Lehrer zu evaluieren, wird von ihnen zwar erwartet, dass sie die didaktischen Fähigkeiten der Lehrer beurteilen, aber sicher nicht, ob die Ansichten, die vorgetragen werden, wahr oder falsch sind.

43. Die Vorgangsweise, wahre Sätze als wahr auszuzeichnen, ist charakteristisch für traditionelle Lehrer-Schüler-Verhältnisse. Der Schüler wiederholt lernend, was ihn der Lehrer gelehrt hat. Er eignet sich das Wissen des Lehrers an.
Ob das Lernen erfolgreich war, was der Schüler weiß und was er nicht weiß, das wird von der Warte, der Position des Lehrers aus bestimmt.
Der Lehrer beurteilt die Leistungen der Schüler (ihre Beschreibungen *from now on*) auf wahr und falsch von der Position aus, die er selbst einnimmt, also von seinen Beschreibungen *so far* aus.
Philosophen sind zumeist auch Lehrer der Philosophie – und wenn sie nur ihre eigene Theorie oder Lehre lehren.

44. In der dualistischen Denkweise ist der Weg von der Beschreibung des Objekts zur Angabe des Objekts ein Weg *zurück*: zum Objekt, das der Beschreibung vorausgeht und auf das sich die Beschreibung bezieht.
Auf diesem Weg wird aus der *kreativen Erkenntnis*beschreibung – der ersten Variante – eine *rezeptive Erkenntnis*beschreibung.
Das Verhältnis Objekt (Schnee) zur Beschreibung (»Der Schnee ist weiß.«) wird zu einem Verhältnis 1 : »1«, p : »p« umgestaltet. Wie geschieht dies?
A. Der Satz »Der Schnee ist weiß.« beschreibt den Schnee.
B. Das Objekt wird mit Hilfe der Beschreibung »Der Schnee ist weiß.« angegeben.
C. Damit ist das Objekt weiterer Beschreibungen nicht mehr der Schnee, sondern der weiße Schnee.

45. Dieser Weg steht nicht beliebigen Beschreibungen offen, sondern nur solchen Beschreibungen, die mit dem Objekt übereinstimmen.
Es geht also darum, aus der Vielzahl möglicher Beschreibungen jene herauszufiltern, die das Objekt so beschreiben, wie es ist. Dafür hat die dualistische Denkweise Wahrheitstheorien und andere Verfahren entwickelt, die unter Einsatz von bestimmten Kriterien und Instanzen eine kritische, aber zuverlässige Prüfung des Anspruchs auf Übereinstimmung mit dem Objekt gewährleisten sollen.

46. Wenn die Beschreibungen diesen Prüfprozess erfolgreich durchlaufen haben, dann kann mit ihnen das Objekt der Beschreibung für weitere Beschreibungen angegeben werden.
Diese weiteren Beschreibungen können nun entweder kreativ sein: indem sie über die Beschreibungen hinaus-

gehen, die zur Angabe des Objekts gedient haben, oder sie können das Objekt so beschreiben, wie es ist: und sind damit eine rezeptive Beschreibung, wenn etwa der Satz »Der Schnee ist weiß.« den weißen Schnee beschreibt.
Die Beschreibung des weißen Schnees durch den Satz »Der Schnee ist weiß.« erfordert keine Prüfungsverfahren mehr, sie versteht sich von selbst: da ja in ihr keine Erkenntnisansprüche über die schon vorliegende Objektangabe-Beschreibung hinaus erhoben werden. Der Satz »Der Schnee ist weiß.« verbleibt im Bereich des sicheren Wissens.

47. Der Übergang von kreativer zu rezeptiver Beschreibung und Erkenntnis findet auch in der Wissenschaft statt:
Zuerst wird eine These vorgeschlagen, die das Element X beschreibt: »Das Element X verhält sich so und so.« Die Angabe des Objekts dieser Beschreibung mit Hilfe der Beschreibung ist nur dann legitim, wenn wir wissen, dass das Element X sich so und so verhält. Wenn der Wissenschaftler durch die Anwendung der wissenschaftlichen Methode zu diesem Wissen gelangt, dann ist die These »Das Element X verhält sich so und so.« nicht mehr bloß eine Beschreibung des Elementes X, sondern eine Beschreibung des Elementes X, das sich so und so verhält.

48. In der Wissenschaft ist der Weg von A nach B, von Variante 1 zu Variante 2 auch der Weg von der Forschung zur Lehre (und zum Lehrbuch), der Weg von der Präsentation neuer Auffassungen zu ihrer Verankerung im Objekt und ihrer anschließenden Präsentation im Diskurs.
Wenn der Erkenntnisgewinnanspruch durch eine kreative Beschreibung eingelöst wird, realisiert wird, dann ist er kein Gewinn mehr, sondern gehört zum Erkenntnisstand, der in der Lehre weitergegeben wird und den es durch neue

Erkenntnisansprüche in der Forschung wieder zu vermehren gilt.

49. Dieser Weg ist jedoch keine Einbahnstraße. Was Wissen war, kann Irrtum werden und umgekehrt. Der Dualist würde dies zurückweisen und sagen: »Was als Wissen galt, aber sich als Irrtum herausgestellt hat, war schon ein Irrtum, bevor er als solcher erkannt wurde.« Der Dualist hat jedoch in seinem Selbstverständnis nur dann Recht, wenn es ihm gelingt, seine gegenwärtige Position, von der aus er die Differenz zwischen Wissen und Irrtum markiert, in die Vergangenheit und in die Zukunft hinein auszudehnen. Nur dann kann er seine Auffassungen, die jetzt und hier gelten, zu Auffassungen universalisieren, die immer und überall gelten.

50. Um dieses Ziel zu erreichen, muss die dualistische Denkweise zwischen wahr und falsch, zwischen Wahrheit und Irrtum zuverlässig unterscheiden können. Sie darf nicht zulassen, dass durch die von ihr entwickelten Instrumentarien zur Wahr-Falsch-Unterscheidung beliebige Sätze, Thesen, Theorien, Auffassungen oder Ansichten als wahr oder falsch ausgewiesen werden können. Dann wäre die dualistische Philosophie nicht mehr als eine Argumentationstechnik, die beliebige Auffassungen als Erkenntnis ausweisen kann, sofern sie der dualistische Erkenntnistheoretiker vertritt.

51. Die Unterscheidungen zwischen wahr und falsch, für wahr halten und wahr sein, Wahrnehmung und Illusion, zwischen der Welt, wie sie ist, und der Welt, wie sie uns erscheint, sind Unterscheidungen, die entweder vorausgesetzt (und dann im Diskurs entsprechend gemacht) werden

oder gemacht (und dann weiteren Diskursen vorausgesetzt) werden.
Diese Unterscheidungen sind universal in den realistischen oder objektiv-idealistischen Varianten des Dualismus und lokal/regional/temporär in den relativistischen Varianten des Dualismus.

52. Die Alternative zwischen universalem Dualismus und relativistischen Dualismen ist die Alternative zwischen einem Maßstab und mehreren Maßstäben, zwischen einer Welt (-ebene) und mehreren Weltebenen, zwischen einem Universum und mehreren oder gar vielen Versa.

53. Der Realist sagt: »Wir leben in einer Welt und nicht in zwei oder drei oder siebzehn.«
Der Relativist sagt: »Wir leben in einer von vielen Welten.«
Das »wir« des Realisten ist universell: es umfasst die ganze Menschheit.
Das »wir« des Relativisten ist regional: es umfasst die Mitglieder einer Gemeinschaft unter mehreren, und eine davon mag sogar die Gemeinschaft der Realisten sein.

54. Der Realist wirft dem Relativisten oft vor, dass er die (eine, universale) Welt »leugnet«: aber mit der Rede vom »Leugnen« unterstellt der Realist dem Relativisten, dass dieser in Abrede stellt, was er seiner Rede voraussetzt, nämlich die eine Welt.
Der Relativist weist diesen Vorwurf zurück: er setzt zwar die eine Welt voraus: aber er unterstellt, dass sie kognitiv unzugänglich ist.

55. Die relativistischen Einheiten: Welten, Versa, Wirklichkeiten, Frameworks können durch Theorien, Kulturen oder

durch Sprachen bestimmt werden und entsprechend gestalten sich dann Theorienwelten, Kulturwelten oder Sprachwelten – aber auch Lebenswelten, Weltversionen, »eigene« und »fremde« Welten sind möglich.

56. Die Relativisten unterscheiden zwischen einer Welt-2 (einer Realität, einem Substratum) und verschiedenen Welten-1 (Sprach-, Theorien- und Kulturwelten). Die Welt-2 bildet die unergründliche Grundlage für die Welten-1. Die Welten-1 sind sozusagen »Zwischenwelten« im Bereich zwischen Sprachebene und kognitiv unzugänglicher Realitätsebene.
Die begrifflichen Unterscheidungen zwischen Welten-1 und Welt-2, zwischen der »Welt für & von uns« und der »Welt an & für sich« sind oft verwirrend. Manchmal fungiert die Wirklichkeit als Zwischenwelt, manchmal ist es aber auch die Realität, die zwischen Sprache und Wirklichkeit geschoben wird und manchmal verhindern plurale Theorien und Sprachwelten Durchsicht und Durchgriff auf die Realität.
Die für deutschsprachige Relativisten/Konstruktivisten so bequeme Unterscheidung zwischen Wirklichkeit und Realität fehlt zwar im Englischen und in anderen Sprachen, aber der angelsächsische Relativist behilft sich mit »worldversions« oder »worlds« zum Unterschied von der »reality«, die im Sprachgebrauch wieder ganz ähnlich eingesetzt werden kann wie im Deutschen. »In reality« entspricht »in Wirklichkeit« oder in romanischen Sprachen »en realité« bzw. »in realitá«.
Aber auch vor (oder über) die unhintergehbare *eine* Welt des Realismus lassen sich andere, »mindere« Welten legen: wenn etwa Kontrahenten einander im Diskurs vorwerfen, dass ihre Welt nur eine scheinbare Welt sei, dass hinter der vermeintlichen oder beobachtbaren Wirklichkeit eine wah-

re, eine wirkliche, tiefere oder gar höhere Welt oder Realität existiere.
Die relativistischen Welten/Versa werden nach unten – zur Realität, zum Substratum hin – zunehmend stabiler: bis sich der Wittgensteinsche Spaten zurückbiegt und wir auf das Fundament stoßen auf dem die Konstruktionen errichtet werden, in denen wir sprechen und handeln. Im religiösen Denken ist es eher umgekehrt: dort nehmen Gewissheit und Unvergänglichkeit in den höheren Welten zu.

57. In der dualistischen Denkweise ist das Objekt der Beschreibung beschreibungsresistent. Diese Beschreibungsresistenz wird von relativistischen und konstruktivistischen Denkweisen eingeschränkt. Aber in allen Relativismen bleiben beschreibungsresistente Bereiche innerhalb des jeweiligen relativistischen Bezugrahmens als Welt-1 erhalten, die eine dualistische Unterscheidung zwischen Objekt und Beschreibung erlauben: Jeder Relativismus ist innerhalb seines Frameworks nichtrelativistisch. Innerhalb des jeweiligen Bezugrahmens konstruiert auch der Relativist nicht das Objekt, bringt auch er das Objekt nicht durch seine Beschreibungen hervor.

58. Im Aufbau der Welten-1 kann zwischen Sprachebene und entsprechender Weltebene (noch) nicht unterschieden werden.
Mögliche Konflikte beim Aufbau, bei der Konstruktion der relativistischen Einheiten, führen zur Entzweiung und damit zu mehreren Einheiten.
Für die Bewohner relativistischer Welten-1 bieten sich zwei Möglichkeiten: entweder sind sie an ihrer Hervorbringung und Konstruktion beteiligt oder sie finden sich in die jeweilige Welt-1 hinein.

Wenn sie an ihrer Hervorbringung beteiligt sind, dann stellt sich die Frage: wie diese Hervorbringung/Konstruktion zu einem Abschluss kommt oder jedenfalls zu einem Stillstand. Wie kann entschieden werden, ob die Welt-1 Resultat einer Konstruktion ist oder bloß ein Zwischenresultat? Die Theorienwelt der aristotelischen Physik und auch jene von Newton sind längst zu einem (vielleicht nur vorläufigen) Abschluss gekommen, andere sind noch aktiv.

59. Das dualistische Erkenntnis- und Wahrheitsziel bleibt auch im Relativismus erhalten, relativiert auf die jeweiligen Welten-1, die jeweiligen Bezugrahmen.
Im Relativismus wird zwar die Realität, die Welt-2, ihrer Funktion als Erkenntnisentscheidungsinstanz enthoben, aber diese Funktion geht über auf die Welten-1, die Theorienwelten, Sprachwelten und andere Bezugrahmen, die relativ zu ihnen Wahr-Falsch-Entscheidungen erlauben.
Die Realität bleibt bestenfalls als negative Instanz wirksam.

60. Die Gültigkeit von Wahr-Falsch-Unterscheidungen wird auf den Bereich innerhalb bestimmter Bezugrahmen, Begriffsapparate, Welten-1 beschränkt. Nur dort haben die Wahr-Falsch-Unterscheidungen ihren Platz.
Sobald die Konstruktion der relativistischen Objekte vorbei ist, können diese dualistisch beredet und beschrieben werden.
Innerhalb der relativistischen Bezugrahmen/Welten-1 geht es wie im universalen Realismus um Vereinheitlichung, um Nivellierung und Konsens – und wer dem zu entgehen versucht, kann entweder selbst in eine andere Welt-1 ausweichen oder er wird gegen seinen Willen in eine andere Welt-1 verwiesen.
Die Grenzen zwischen den verschiedenen Frameworks

sind flexibel: sie können im Konfliktfall je nach Bedarf so gezogen werden, dass mögliche Konkurrenten aus dem Bezugrahmen herausfallen oder nicht in ihn hinein können.

61. In der Diskurspraxis macht es wenig Unterschied, ob die Ansprüche, die auf Wahr-Falsch-Unterscheidungen erhoben werden, nur für eine Welt-1, nur für den Diskursbereich gelten in dem sie erhoben werden – also lokale/regionale/temporale Ansprüche sind – oder ob sie universal gelten, also für alle Diskurse.
Ansprüche, die wir über den Diskurs hinaus erheben, werden außerhalb des Diskurses, in dem wir sie erheben, kaum gehört. Und wenn sie Gehör finden, dann werden die Hörer damit in den Diskurs einbezogen.

62. In den verschiedenen Relativismen werden die universalen Wahr-Falsch-Unterscheidungen entweder relativiert zu »wahr/falsch für ...« oder ersetzt durch Unterscheidungen wie: »hinlänglich gerechtfertigt« vs. »nicht hinlänglich gerechtfertigt«, »viabel/nicht viabel«, »passend/nicht passend« oder »angemessen/unangemessen«.

63. Jeder relativistische Bezugrahmen muss zumindest soweit gefasst werden, dass in ihm Platz für Meinungsverschiedenheiten bleibt: dass also ein X für den Einen so sein kann und für den Anderen anders.
Es ist trivial, dass jeder relativistische Bezugrahmen Raum lassen muss für die Gedanken, die in ihm auftreten.

64. Ein Problem, das die Relativisten/Konstruktivisten nicht lösen: Wie geschieht der Übergang von der Konstruktion einer Welt-1 zu ihrer Interpretation?
Die Unbestimmtheit des Übergangs ermöglicht es im Kon-

fliktfall, etwaige Gegenauffassungen entweder als falsch, aber zum Framework gehörig, zu diskreditieren – das hätte die unliebsame Konsequenz, dass das Framework wahre und falsche Auffassungen vereint – oder die Gegenposition als falsch in ein anderes Framework zu verweisen, womit sie aufhört, Gegenposition zu sein.
Die erste Möglichkeit führt zur Frage, wie überhaupt vom Framework aus noch zwischen wahren und falschen Beschreibungen unterschieden werden kann. Die zweite Möglichkeit kann nicht uneingeschränkt realisiert werden, sonst verliert der Relativismus/die relativistische Welt-1 jeden Halt: Wenn in einer Welt-1 nur konsensuelle Auffassungen möglich sind, dann entspricht jede konfligierende Auffassung einer anderen Welt und für Konflikte ist kein Platz.

65. Auch der radikalste Relativismus/Konstruktivismus macht Halt vor einer extremen Vorgangsweise derart, dass durch unser Reden ständig »parallel« dazu Objekte oder gar Welten hervorgebracht werden.
Eine solche halt-lose Position, in der jeder Zungenschlag und Augenblick ein neues Versum hervorbringt, würde sogar den Homo-mensura-Satz (und jeden Solipsismus) überbieten.
Eine Vorgangsweise, die weder die Resistenz eines »Ich« noch anderer Objekte gegen Beschreibungen anerkennen würde, hätte kein Maß und kein Ziel.

66. Der Homo-mensura-Satz bestimmt den Menschen zum Kriterium für die Dinge – wenn schon nicht, dass sie sind, so doch zumindest, wie sie sind.
Der Mensch als Kriterium und Instanz ist dem Relativismus entzogen.

Um als Instanz über das Sein oder zumindest das So-Sein der Dinge urteilen zu können, muss der Mensch eine Identität über den momentanen Zustand hinaus besitzen, in dem sein Urteil fällt.
Er muss mehr sein als nur der Mensch-zum-Zeitpunkt-eines-Urteils.
Sein Urteil muss für ihn eine Gültigkeit über den Urteilsspruch hinaus haben, sonst könnte von einer Identität des Menschen nicht die Rede sein.

67. Die Unterscheidungen zwischen Schein und Sein, zwischen für wahr halten und wahr sein, sind argumentative Unterscheidungen, die das Verhältnis zwischen früheren und gegenwärtigen Auffassungen markieren, zugunsten derer vielleicht die früheren revidiert worden sind.
»Es können ja auch zwei Seelen in meiner Brust wohnen, ich kann mit und in mir um eine Entscheidung ringen, mehrere Alternativen können für mich zur Diskussion stehen, ich kann mit mir selbst hadern«, und innere Konflikte stehen äußeren oft um nichts nach.
Und wenn der Konflikt zwischen zwei Auffassungen in mir zugunsten einer Auffassung entschieden worden ist, muss ich dann von Glück reden, dass es diese Auffassung ist, für die ich mich entschieden habe und nicht jene? Oder von einer Übereinstimmung zwischen mir und meiner Auffassung, zu der ich stehe?
Der Unterschied zwischen für wahr halten und wahr sein wird also nicht zwischen dem Urteil über das Ding und dem Ding ausgemacht, sondern zwischen den verschiedenen Urteilen, die über das Ding vom Menschen gefällt werden, und dem Menschen – und es ist das zuletzt gefällte Urteil, das den Status wahr zu sein beanspruchen wird.

68. Im Realismus entscheidet die Realität (direkt oder indirekt) über die Äußerungen des Menschen.
In einem individualistischen, menschenbezogenen Relativismus entscheidet das menschliche Individuum über die Realität.
Die Realität als Instanz ist stumm und der Mensch kennt ihre Entscheidungen immer nur »aus zweiter Hand«.
Die Entscheidungen des Individualrelativismus sind solche, die der Mensch selbst trifft, in Übereinstimmung mit sich. Trotzdem kann er sich irren: er kann frühere Entscheidungen zugunsten späterer revidieren, wenn sie nicht mehr mit ihm als Person in Einklang stehen.

69. In allen Formen des Dualismus, vom Realismus bis zur »minimalen« relativistischen Einheit, dem menschlichen Individuum, geht es um das Maß, um Kriterien oder Instanzen für die Entscheidung zwischen wahr und falsch, zwischen Wahrheit und Irrtum, Schein und Sein, Wahrnehmung und Illusion.
Ohne ein solches Maß können wir die in der Sprachebene gemachten Beschreibungen, Aussagen und Behauptungen nicht daraufhin beurteilen, ob sie mit der im Jenseits des Diskurses liegenden Objektebene übereinstimmen oder nicht.

70. Wir brauchen ein Diskursregulativ, damit die Diskurse in Richtung auf das Jenseits hin gelenkt werden, damit unsere Erkenntnisanstrengungen nicht das vorgegebene Ziel verfehlen, damit die Diskurse nicht chaotisch, unbestimmt und richtungslos verlaufen, damit die Diskurse geordnet werden und damit nicht jeder alles gleichermaßen behaupten kann.

71. »Es geht also um die Wahrheit.« (Karl Popper)
»The task of empirical science, like that of other investiga-

tive disciplines is to separate as thoroughly and efficiently as it can the true statements about the world from those that are false, and to retain the truths. The first duty of the theory of human knowledge must therefore be to explain how, if at all, such a separation can be achieved.« (David Miller)

»Meine eigenen Auffassungen haben sich erst aus dem Versuch, das Wahre und Berechtigte vom Verfehlten und Unbegründeten in weithin akzeptierten Theorien zu sondern, allmählich herausgebildet.« (Günther Patzig)

»Jede rationale Diskussion ist eine Diskussion im Dienst der Wahrheitssuche.« (Karl Popper)

»Das Ziel philosophischer Arbeit ist es, ein Publikum von der Wahrheit zu überzeugen.« (Jeff Mason)

»Wenn das Philosophieren überhaupt einen Sinn haben soll, dann müssen wir darauf vertrauen, dass wir Wahrheitsansprüche durch den argumentativen Diskurs als intersubjektiv gültig erweisen oder zurückweisen können.« (Karl Otto Apel)

»Der philosophische Diskurs bestimmt sich dadurch, dass in ihm Wahrheit und Objektivität angestrebt werden.« (Herbert Schnädelbach)

»Jedes philosophische System und jede wissenschaftliche Theorie erstrebt die Erkenntnis der Wahrheit. Im entgegengesetzten Fall würde ein philosophisches System das Recht auf Existenz verlieren und sich selbst vernichten.« (Adam Schaff)

»Das Streben nach Wahrheit ist ein struktureller Bestandteil der Kultur oder des menschlichen Geistes.« (Leszek Kolakowski)

»Man kann den Menschen als den definieren, der nach der Wahrheit sucht.« (Johannes Paul II.)

Es überrascht also nicht, wenn verlangt wird: »Every academic has the duty to search for the truth.« (Mario Bunge) Und jene die sich nicht daran halten? »We should expel the charlatans from the university before they crowd out the serious searchers for truth.« (Mario Bunge)

72. Eine erfolgreiche Suche nach Wahrheit ist Ziel und Motivation unserer Erkenntnisanstrengungen: Das ist für die meisten Philosophen in Geschichte und Gegenwart ein Basiskonsens.
Die Philosophen unterscheiden sich jedoch in ihrer Einschätzung, ob und wie das Wahrheitsziel erreicht werden kann.

73. Eine zuverlässige Unterscheidung zwischen Wahrheit und Falschheit bietet die beste Gewähr gegen die Gefahr der Beliebigkeit. Es ist ja wohl nicht zufällig, dass gerade relativistische, konstruktivistische und andere Denker, die das Wahrheitsziel vernachlässigen oder gering schätzen, der Beliebigkeit nicht Einhalt zu gebieten vermögen …

74. Kritik am Wahrheitsbegriff kommt meist von Denkern an der Peripherie der professionellen Philosophie und nicht aus ihrem Zentrum.
Die Kritik von Nietzsche, Foucault oder Derrida richtet sich weniger an andere Philosophen als vielmehr gegen die Verquickung von Wahrheit und Macht.
Die Wahrheitskritik richtet sich nicht gegen die Wahrheit selbst, sondern gegen die Zwecke, für die Wahrheit eingesetzt wird und die Mittel, mit denen sie durchgesetzt wird: also gegen den Missbrauch der Wahrheit.

75. Die Verbindung von Wahrheit und Macht wurde nicht von Philosophen gefordert oder gar hergestellt. Diese Verbin-

dung findet dort statt, wo philosophische Argumente keine Wirkung haben.

76. Der Einsatz von Macht und Gewalt wird auch dadurch gerechtfertigt, dass der Wahrheit sonst nicht zum Durchbruch verholfen werden kann, dass es anders nicht möglich ist, die Unwahrheit zu eliminieren.
Wie anders als durch Macht oder Autorität soll jemand dazu gebracht werden, die Wahrheit zu erkennen und anzunehmen, wenn er nicht über die philosophischen Mittel zur Wahrheitserkenntnis verfügt, wenn er dafür nicht alt oder nicht reif genug ist, wenn er nicht über die dafür notwendige intellektuelle Ausstattung verfügt, oder gar wenn er einfach nicht willens ist, zu verstockt ist, um seinen Irrtum einzusehen?

77. Die Verpflichtung zur Wahrheit, das Wahrheitsgebot (und das Gebot der Irrtumsvermeidung) ist ja nicht auf die Philosophie beschränkt, es gilt auch für die Wissenschaft, für die Politik, für den Alltag und die Religion sowieso.

78. Wie lernen wir den Umgang mit der Wahrheit? Welche Rolle spielt die Wahrheit im außerphilosophischen Diskurs? Sind wir nicht alle Philosophen, auch außerhalb der akademischen Philosophie?
Ist Philosophie eine Verfeinerung, eine argumentative Weiterentwicklung des Alltagsverstandes, oder ist der Alltagsverstand (der »Common Sense«, der »gesunde Hausverstand«) eine vergröberte, eine oberflächliche Form der Philosophie? Eine popularisierte, eine vulgarisierte Form der Philosophie ohne philosophische Reflexion?

79. Eine Reihe von philosophischen Problemen, wie etwa das Universalienproblem oder das Referenzproblem kommen außerhalb von Hörsälen und Seminarräumen nicht oder fast nicht zur Sprache.
Anders verhält es sich mit der Wahrheit.
Wohl kaum ein Begriff, der in der Philosophie diskutiert wird, kommt in so vielen Zusammenhängen unseres alltäglichen Lebens vor, spielt eine derart hervorragende Rolle in unseren Diskursen, kann so viele Emotionen wecken wie die Wahrheit.
»True« zu sein verspricht nicht bloß der Name einer amerikanischen Zigarettenmarke, »Wahrheit« ist immer noch der Titel von Tageszeitungen, dem »Wahren, Guten, Schönen« nachzustreben ist ein gängiges Erziehungsideal. In früheren Bürgerkriegsländern von El Salvador bis Südafrika werden Wahrheitskommissionen eingerichtet, um die Wahrheit über Ereignisse in der Zeit bewaffneter Auseinandersetzungen ausfindig zu machen.
In Demonstrationen gegen repressive Regimes werden manchmal Transparente mit der Aufschrift »Die Wahrheit siegt« mitgeführt. In einer großen deutschen Tageszeitung war vor einiger Zeit ein Kommentar mit der Überschrift zu lesen: »Nur die Wahrheit macht frei.«

80. Die erste Begegnung mit der Wahrheit haben wir schon als kleines Kind gemacht, gerade erst der Sprache mächtig geworden. Und diese Begegnung war oft eine Begegnung via achtem Gebot: Wahrheit also im Gegensatz zur Lüge.
Das Kind soll die Wahrheit sagen und nicht lügen, wenn es gefragt wird, warum es weint, warum es zu spät nach Hause kommt, ob es etwa vom Kuchen genascht oder sonst etwas »angestellt« hat.
Via Wahrheitsgebot sind wir einer moralischen Verpflich-

tung ausgesetzt, die es bei Strafe einzulösen gilt; auf Lügen – erfolglosem Lügen jedenfalls – steht nun einmal Strafe, auch wenn die Kirche die Lüge bloß unter die lässlichen Sünden eingereiht hat.
Andererseits funktioniert unser Zusammenleben nur deshalb so gut und schlecht, wie es funktioniert, weil wir alle von Zeit zu Zeit das Wahrheitsgebot verletzen und lügen. Würden wir unter allen Umständen die Wahrheit sagen, wären wir wahrscheinlich längst im Irrenhaus gelandet oder im Gefängnis.
»Ich sage die Wahrheit.« heißt hier etwa so viel wie »Ich rede so, wie ich denke.« und »Du lügst.« in etwa »Du redest anders, als ich denke, dass du denkst.«, also mit gespaltener Zunge.
Und zum Erfolg in unserer Gesellschaft trägt wohl eher ein zeitweises – natürlich erfolgreiches – Lügen bei, als ein ständiges »Bleiben bei der Wahrheit«. Aber wir wollen eine Wahrheitsproblematik diskutieren, die durch Beichten nicht aus der Welt zu schaffen ist.

81. Auch mit der außermoralischen Dimension des Wahrheitsbegriffes schließen wir schon früh Bekanntschaft.
Die Erziehung zur Wahrheit setzt bereits ein, wenn wir lernen, Ausdrücke wie »gaga« und »nichtgaga« zu verwenden: wenn wir von etwas »gaga« sagen, das ›nichtgaga‹ ist und von etwas »nichtgaga« sagen, das ›gaga‹ ist, dann werden wir auf den Unterschied zwischen gaga und nichtgaga solange hingewiesen, bis wir ihn kennen.
Wenn wir später zu einem Hund sagen »Katze« oder zu einer Katze »Hund«, dann wird uns bereits gesagt: »Das ist falsch.«, »Das ist keine Katze, sondern ein Hund.« etc. In diesem Alter sind falsche Aussagen noch kaum mit Sanktionen verbunden. Anders in der Schule: wer auf Fragen des

Lehrers falsche Antworten gibt, wer andere Auffassungen vertritt über den Unterrichtsgegenstand als der Lehrer, wird gerügt und/oder bekommt schlechte Noten.

82. Der Schüler ist in der Schule als Lernender in der Rolle des Beurteilten und beurteilt wird, ob das, was er gelernt hat, mit dem Wissen des Lehrers übereinstimmt oder nicht. Der Lehrer hat seine Urteilskompetenz in Schule und Studium erworben, er besitzt den nötigen Sachverstand und er weiß schon im Vorhinein die richtigen Antworten auf die Fragen, die er an den Schüler stellt.
Unsere Erziehung zur Wahrheit ist immer auch eine Erziehung zur Wahrheit des Erziehers: des Lehrers oder anderer Erziehungsberechtigter.

83. Auch auf der Universität bleibt, vor allem in den ersten Semestern, die Kompetenz für die Zuschreibung von Ausdrücken wie »wahr« oder »falsch« weitgehend aufseiten der Lehrenden und nicht der Lernenden.
In diesem Stadium haben Studentinnen und Studenten, so heißt es, noch nicht das Wissen, das ihnen erlauben würde, die Auffassungen der Lehrenden in Frage zu stellen und als wahr oder falsch zu beurteilen. Sie müssen sich das notwendige Wissen für eine Hinterfragung und Kritik der Lehrermeinung erst erwerben – aber dieses Wissen ist, vereinfacht gesagt, wieder nur über diese oder jene Lehrmeinung erwerbbar. Und wenn diese Lehrmeinungen von den Studierenden internalisiert wurden, wird Kritik gerade deshalb oft kaum mehr stattfinden.

84. Die Erziehung zur Wahrheit verlangt immer auch eine gewisse Bereitschaft zur Unterwerfung unter die Wahrheit, zum Gehorsam gegenüber der Wahrheit. Besonders deut-

lich kommt dies im religiösen Bereich zum Ausdruck. Ein Philosoph unter den Päpsten, Johannes Paul II., richtet in einem Vortrag an die katholischen Moraltheologen die Aufforderung: »Sucht immer die Wahrheit; verehrt die gefundene Wahrheit; gehorcht der Wahrheit. Es gibt keine Freude ohne solches Suchen, ohne solche Verehrung und ohne solchen Gehorsam.«

85. »Mit Recht«, schreibt Johannes Paul II. in seiner Enzyklika »Fides et Ratio«, »gilt ein Mensch dann als erwachsen, wenn er mit eigenen Mitteln zwischen wahr und falsch unterscheiden kann, indem er sich über die objektive Wirklichkeit der Dinge sein Urteil bildet.«
Und vor Gericht gilt ein Mensch erst dann als strafmündig und damit als erwachsen, wenn er die Fähigkeit zur Unterscheidung zwischen gut und böse beherrscht.

86. Das argumentative Rüstzeug, das sich die Menschen in unserer Gesellschaft im Verlauf ihrer Bildung und Ausbildung aneignen, schließt den Gebrauch vieler Ausdrücke ein, die in der Philosophie eine hervorragende Rolle spielen: Wahrheit, Falschheit und Irrtum, Wirklichkeit, Realität, Tatsache, Faktum, Konsens, Übereinstimmung, Beweis, verifizieren, falsifizieren und andere mehr. Die Verwendung dieser Ausdrücke im alltäglichen Leben entspricht zwar oft nicht den argumentativen Standards der wahrheitsorientierten Philosophie, aber sie ist ihnen doch irgendwie verwandt und immerhin entspricht für manche Philosophen das Alltagsverständnis dieser Ausdrücke und ihre Verwendung einer naiven Form einer zentralen philosophischen Position, nämlich des Realismus.

87. Eine unproblematische, eine anspruchslose Verwendung von Ausdrücken wie wahr und falsch besteht darin, dass wir mit ihnen Zustimmung und Einverständnis bzw. Nichtzustimmung, Ablehnung oder Abgrenzung zu anderen Auffassungen zum Ausdruck bringen.
Im Gespräch mit anderen erspart uns eine Zustimmung etwa in der Form »Was du sagst, ist wahr.« eine Wiederholung der anderen Auffassung. Wir können stattdessen auch sagen »Ich stimme dir vollinhaltlich zu.« oder »Ich teile deine Auffassung.«, wir könnten aber auch einfach mit dem Kopf nicken. Wenn umgekehrt das Gespräch so verläuft, dass ich zum Abschluss sage »Was du sagst, ist falsch.«, dann heißt dies eben, dass ich deine Auffassung nicht teile. Und es ist gar nicht so selten, dass es in unseren Gesprächen bei verschiedenen Meinungen bleibt, dass wir es bei verschiedenen Meinungen bewenden lassen: Das Ergebnis eines solchen Gesprächs wäre, dass du so denkst und ich eben anders denke und wir insofern eine abweichende Meinung nicht bloß respektieren, sondern oft überhaupt erst kennen lernen.

88. Weitaus häufiger wird jedoch der Fall eintreten, dass wir es dann, wenn Meinungsverschiedenheiten auftreten, nicht bei verschiedenen Meinungen bewenden lassen, sondern versuchen werden, die Meinungsverschiedenheiten auszuräumen. Meinungsverschiedenheiten auszuräumen und Konflikte zu bereinigen heißt für gewöhnlich nicht mehr, als dass von zwei konträren Auffassungen eine zugunsten der anderen oder beide zugunsten einer dritten Auffassung aufgegeben werden.

89. Der Versuch, zwischen konfligierenden Auffassungen eine Entscheidung herbeizuführen, wird vor allem dann unter-

nommen und ist vor allem dann erstrebenswert, wenn ein Interesse an einer solchen Einigung besteht. Das Interesse daran, dass der jeweilige Kontrahent die eigene Auffassung übernimmt und sie anstatt seiner bis dahin vertretenen Auffassung für wahr hält, kann vielfältiger Natur sein: Es kann um Macht und Einfluss in verschiedenen Lebensbereichen gehen, um ökonomische oder soziale Interessen, um alle möglichen Werte wie Freiheit, Recht, Moral und Friede – oder ganz banal um persönliches Prestige, um ein Gefühl der Genugtuung etc.

90. Wenn eine gütliche Einigung nicht möglich ist – etwa durch Überredung, Überzeugung, durch den üblichen Austausch und Abtausch von Argumenten –, erfolgt eine mögliche Entscheidung zwischen den konkurrierenden Auffassungen mit Hilfe von Instanzen oder Kriterien oder zumindest durch Berufung auf sie.

91. Was sind nun die Instanzen, die für eine Entscheidung bei Konflikten herangezogen werden? Solche Instanzen können je nach der Art des Konflikts sein: die Natur, die Wirklichkeit, Sachverhalte, die Geschichte oder Gesetze. Oft erfolgt bei Verfahren eine Berufung auf mehrere Instanzen. Diese Instanzen sind wiederum selbst stumm, aber es gibt für alle Instanzen autorisierte Vertreter, die zwischen den Konfliktparteien eine unparteiische oder überparteiliche Entscheidung herbeiführen sollen. Als Vertreter dieser Instanzen, als ihre Sprecher, fungieren Richter, Amtssachverständige, beeidete Gutachter und andere Autoritäten.
Der Richtspruch dieser Autoritäten führt jedoch meist dazu, dass nur für die Gewinner eines Verfahrens deren Wahrheitsansprüche eingelöst werden, aber nicht für die Verlierer. Die unterlegene Partei wird den Entscheidungs-

instanzen vorwerfen, dass sie parteiisch sind und nicht objektiv entschieden haben, nicht mehr an Gerechtigkeit glauben etc. Es behauptet ja jede Partei auch von sich, dass sie die Sachverhalte richtig darstellt, die Gesetze richtig interpretiert, eine wahre Auffassung von der Wirklichkeit hat etc. – nur eben ohne Entscheidungsgewalt. Soweit es der unterlegenen Partei möglich ist, wird sie nach der Entscheidung gegen ihre Auffassung vielleicht an eine nächsthöhere Instanz berufen und sich dabei wiederum auf die »stumme« Instanz berufen: die Wirklichkeit, die Tatsachen etc., mit der sie sich in Einklang und Übereinstimmung sieht. Nur selten geschieht es, dass die Entscheidungen der Instanzen alle Parteien zufrieden stellen, etwa dann, wenn die Parteien im Verlaufe des Verfahrens die Wahrheitsansprüche auf ihre Auffassungen relativieren, zurücknehmen und eine »dritte Lösung«, ein Interessenausgleich, gefunden wird.

92. Schon in diesen Fällen lassen sich Macht, Gesetz, Autorität und Wahrheit nur schwer voneinander trennen; noch stärker wird die Verbindung von Wahrheit und Macht in Konflikten, in denen es keinen Schiedsrichter gibt, dessen Entscheidung, wenn auch unter (Gesetzes-)Druck, von den Konfliktparteien anerkannt wird.

93. Es sind die verschiedensten Abstufungen möglich. Wenn ein demokratischer Politiker (anlässlich einer Bürgerinitiative) sagt: »Wir werden versuchen, auf breitester Basis einen Konsens herzustellen, wenn dies nicht möglich ist, werden wir die Wahrheit auf andere Weise durchsetzen.« so muss dies noch keine gefährliche Drohung sein. In der Geschichte haben jedoch immer die Sieger gesagt, die Wahrheit habe gesiegt, und die Verlierer, dass die Wahrheit letztendlich siegen werde.

Ketzer und Irrlehrer wurden um der Wahrheit willen verbrannt und haben sich um der Wahrheit willen verbrennen lassen. Der Richter im Hexenprozess versuchte die Angeklagten zu überreden, seine Beurteilung ihrer Handlungen zu übernehmen. Die Angeklagten sollten die Wahrheit gestehen, das heißt, die Wahrheit des Richters übernehmen, den Wahrheitsanspruch des Richters einlösen. Dies wurde durch Folter oder etwa durch das Versprechen einer relativ schmerzfreien Hinrichtung zu erreichen versucht und meist auch erreicht.

94. Die unbefriedigende Situation in der Welt des Alltags: Zwar ist von Wahrheit kaum die Rede, solange keine Konflikte auftreten, doch wenn Konflikte auftreten, dann behaupten alle Konfliktparteien, dass die Wahrheit auf ihrer Seite steht (oder dass ihre Auffassungen mit der Wirklichkeit übereinstimmen, die Tatsachen korrekt wiedergeben, einen Sachverhalt zutreffend darstellen, im Recht sind etc.). Damit geraten die Parteien in Pattstellungen, die wiederum infolge der Unterstellung, dass es nur eine Wahrheit gibt, zum Einsatz von Macht zur Unterstützung und Durchsetzung der je eigenen Wahrheitsansprüche führen können.

95. Auch in der Wissenschaft ist die Situation unbefriedigend: Wissenschaftler sind zwar mit philosophischen, vor allem wissenschaftstheoretischen Vorstellungen besser vertraut als Bürger in Alltagskonflikten. Die philosophische Position, die sie vertreten, ist meist eine aktuelle Position in der Philosophie. Vor einigen Jahrzehnten dominierten (neo-) positivistische Denkweisen, immer noch aktuell sind kritisch-rationalistische Denkmodelle, der enorme Einfluss von Thomas Kuhn hat zu einer rapiden Vermehrung von Paradigmen geführt (ein Geograph hat kürzlich für seine

Wissenschaft zwölf konkurrierende Paradigmen konstatiert) und gegenwärtig finden eher konstruktivistische Theorien Anklang.

In den Auseinandersetzungen mit anderen Wissenschaftlern benützen die Wissenschaftler weniger das Vokabular spezifischer philosophischer Theorien als vielmehr eine krud-realistische Sprache. Wahrheitsansprüche auf die eigene Arbeit werden eher zurückhaltend eingesetzt, leichter fallen Falschheits- und Irrtumsvorwürfe, besonders der Vorwurf des Scheiterns. Das Scheitern wird oft schlicht und einfach als ein »Scheitern an der Realität« konstatiert, wobei die Realität im Diskurs durch Autoritäten vertreten wird, die selbst wieder Autoren sind.

Auch betonen Wissenschaftler gerne, vielleicht getragen vom Wunsch nach der Einheitlichkeit des wissenschaftlichen Denkens, nach der Singularität seiner Ergebnisse, die relative Konfliktlosigkeit in der Wissenschaft.

Diese Abwesenheit von Konflikten ist aber häufig nur eine Abwesenheit von Konflikten in wissenschaftlichen Journalen, in der wissenschaftlichen Öffentlichkeit. Die Konflikte finden meist im Vorfeld und im Umfeld statt: wenn es um die Beurteilung von zur Veröffentlichung eingereichten Arbeiten durch Referees geht, um die Bewilligung von Projekten, um Berufungen, um Nachwuchsförderung etc. Zur relativen Einheitlichkeit des wissenschaftlichen Diskurses tragen auch andere Faktoren bei: In einigen Wissenschaften, etwa in der Physik oder in der Neurobiologie, sind Experimente oft so kostspielig, dass sie nicht wiederholt werden (können); die daran beteiligten Forschergruppen sind personell so stark besetzt, dass allein dadurch eine nicht geringe Anzahl von Wissenschaftlern eine einheitliche Auffassung auch nach außen vertritt. Am meisten trägt wohl zur ›Einheit der Wissenschaft‹ bei, dass stark abweichende

Auffassungen und Theorien aus dem wissenschaftlichen Diskurs als unwissenschaftlich ausgegrenzt werden.
Anmerkung:
Bis vor einiger Zeit konnten sich die Wissenschaftler auf die konventionelle Wissenschaftstheorie als eine »ancilla scientiae« stützen. Der gegenwärtige Trend zu einer Wahrheits- und Wissenschaftskritik hat dazu geführt, dass einige Wissenschaftler so genannte »science wars« ausgerufen haben, in denen sie gegen Wahrheits- und Erkenntnisrelativismus in der Philosophie polemisieren. Das Niveau ihrer Kritik entspricht etwa dem Niveau, auf dem die kritisierten Philosophen wissenschaftliche Aussagen vor allem aus dem Bereich der Quantentheorie zur Illustrierung und Untermauerung ihrer Thesen heranziehen. Die Irritierung der Wissenschaftler durch eine Unterminierung der Vorstellung von der einen Welt und der einen Wahrheit durch ein Vielfaches davon ist verständlich. Es ist einfacher, Gelder für Grundlagenforschung zu beantragen, wenn diese der Entdeckung der Wahrheit über die Wirklichkeit dient, als *Grundlagen*forschung durch ihre Folgen zu begründen. Das ist es wohl, was Steven Feinberg in einem Aufsatz in »Lettre« beunruhigt, auch wenn er und *›die‹* Wissenschaft weiter auf die Unterstützung von hervorragenden Philosophen wie John Searle oder Thomas Nagel zählen dürfen. Er hofft also nicht allein, dass beim nächsten großen Fortschritt der Physik »die Theorie der Gravitation und die verschiedenen Zweige der Elementarteilchenphysik in einer einzigen einheitlichen Theorie zusammenwachsen«. »Dafür arbeiten wir, und dafür geben wir die Steuergelder aus. Und wenn wir zu dieser Theorie gelangt sind, dann wird sie Bestandteil einer wahren Beschreibung der Wirklichkeit sein.« Dagegen war die Welt der Philosophen für die Wissenschaftler noch in Ordnung, als zum Beispiel Kamlah und

Lorenzen in ihrer *Vorschule des vernünftigen Redens* schrieben: »Die neuzeitliche Wissenschaft hat eine Fülle von interpersonal gesicherten und daher in aller Welt mit eindrucksvoller Vernünftigkeit anerkannten Sätzen formuliert, von denen die meisten auf Fragen antworten, die den Menschen früherer Zeiten nicht einmal in den Sinn gekommen wären. Anders ausgedrückt: wir wissen heute mehr über die Welt und den Menschen als irgendeine frühere Generation und auch mehr als Aristoteles oder Paulus. Und dieses theoretische Wissen wird angewendet in einer vielfältigen technischen und medizinischen Praxis, deren Nutzen niemand mehr entbehren möchte.« »Umso mehr man die Unvermeidlichkeit des Verzichts auf ein einheitliches Wissen erkannte, das zugleich über die Welt und über das Lebenkönnen der Menschen Auskunft gibt, umso mehr trat ein Wahrheitspathos hervor, das der Wissenschaft noch heute zur Ehre gereicht.«

96. Woran liegt es nun, dass sich Wahrheit ohne Macht in Konflikten außerhalb eines professionellen philosophischen Diskurses kaum durchsetzen lässt? Es sei denn, wir haben die bessere Rhetorik, das Geld für einen guten Anwalt, den besseren Gutachter?

Liegt es (auch) an der fehlenden philosophischen Ausbildung der Diskursteilnehmer? Daran, dass sie eine vulgärphilosophische Position vertreten, dass sie die wissenschaftliche Methode nicht beherrschen, dass sie ihren Standpunkt nicht *einwandfrei* argumentieren können? An bloßer Rechthaberei? Daran, dass der Gebrauch des Wahrheitsbegriffes im Alltag oberflächlich ist und nicht fundiert wie in der Philosophie? Oder vielleicht daran, dass sie nicht zwischen für wahr halten und wahr sein unterscheiden können: aber diese Unterscheidung zu beherrschen nimmt auch der philosophisch ungebildete Diskursteilnehmer für sich in Anspruch: Er mag bereitwillig einräumen, dass der Kontrahent zwar glaube, dass der Sachverhalt so und so sei, aber glauben heiße nun einmal nichts wissen, und in Wirklichkeit sei der Sachverhalt anders, das könne er belegen.

97. Kann der Einsatz des philosophischen Instrumentariums zur Wahrheitsfeststellung, Wahrheitsfindung und Irrtumsvermeidung in Diskurskonflikten die Chance auf eine argumentative Lösung zugunsten der wahren Auffassung – wenn eine solche überhaupt vertreten wird – signifikant erhöhen? Wenn nicht, dann hätte die Philosophie der Beliebigkeit nichts entgegenzusetzen.

98. Es sollte doch einen Unterschied machen, ob jemand aus purem Eigeninteresse die Auffassungen, die er vertritt, als wahr bezeichnet und die Auffassungen des Gegners als falsch oder ob zwischen für wahr halten und wahr sein, zwischen Fakten und Illusionen in sorgfältiger und kritischer Prüfung nach den Standards der Philosophie unterschieden wird.

99. Dualistische, wahrheitsorientierte Philosophen erarbeiten professionell genau das, wofür sie so genannt werden: dualistische Denkweisen, möglicherweise auch eine Wahrheits- und Erkenntnistheorie, oder sie führen die Theorien anderer Philosophen fort.
Dabei befinden sich diese Philosophen – es sei denn, sie sind monoman oder nicht diskussionswillig – ständig in Auseinandersetzungen mit anderen Philosophen, die abweichende Auffassungen zu den philosophischen Problemen vertreten.
Wie gehen sie in diesen Auseinandersetzungen vor? Müsste

der Philosoph in der Auseinandersetzung mit anderen Philosophen nicht im Jargon seiner Philosophie diskutieren und die wahrheitsorientierte Denkweise, die er entwickelt hat, anwenden? Und eine solche Anwendung sollte schöne Erfolge bringen. Oder?
Wo sonst, wenn nicht in Konfliktdiskursen – also dann, wenn es um die Wahrheit geht – soll sich die wahrheitsorientierte Philosophie bewähren, ob innerhalb der Philosophie oder außerhalb? Wäre es nicht merkwürdig, wenn ein Philosoph Wahrheitsfindung oder jedenfalls Irrtumsvermeidung als Ziel propagiert und zur Erreichung dieses Zieles keinen positiven Beitrag leisten kann?

100. Wir werden sehen.

101. Wie viele Wissenschaften gibt es? Nur jene, die an Universitäten gelehrt werden, oder sind auch jene Denkmodelle Wissenschaft, die diesen Status zwar beanspruchen, aber nicht an Universitäten studiert werden können?
Wie viele Theorien werden über jeden Forschungsgegenstand vertreten, nicht nur nacheinander, sondern auch nebeneinander? Schon in den wissenschaftlichen Journalen sind es viele, aber wenn wir jene hinzurechnen, die dort nicht publiziert werden, sind es noch um viele mehr.

102. In den verschiedensten Wissenschaften wurden und werden die seltsamsten Ansichten vertreten: dass die Erde eine Scheibe ist, dass die Menschheit nicht älter als ein paar tausend Jahre ist, dass alle Höhlenmalereien Fälschungen sind, dass es keine vorsintflutlichen Artefakte gibt, dass das Universum mit oder gar durch einen Knall entstanden ist, dass in der Zeitrechnung jahrhundertegroße Lücken sind, dass die Erde sich (nicht) um die Sonne dreht, dass der Mond

aus der Erde entstanden ist, dass Aids (k)eine Viruserkrankung ist, dass es feuernde Neuronen gibt, schwarze Löcher, Phlogiston, Äther …

In diesem Dschungel, in diesem Dickicht von Meinungen, Thesen, Theorien, Auffassungen und Paradigmen, die einander widersprechen oder (meist) ignorieren: Wie können wir uns da orientieren? Können wir zwischen Auffassungen unterscheiden, die bloß für wahr gehalten werden, und jenen, die wahr sind?

Wir haben ja hier das Problem, dass *alle* Auffassungen für wahr gehalten werden, und zwar von denen, die sie vertreten, dass aber andererseits nur wenige dieser Auffassungen auch wirklich wahr sind.

103. Wenn wir alle Meinungen, Aussagen, Beschreibungen und Ideen zusammen gleichermaßen für wahr halten, dann trägt der Wahrheitsanspruch zur Praxis unseres Denkens und Handelns nichts bei. Wir müssten uns dann ein anderes Merkmal suchen, um zwischen den verschiedenen Auffassungen unterscheiden zu können. Denn wir brauchen Kriterien, Instanzen, Arbiter, um halbwegs zuverlässig zwischen den verschiedenen Auffassungen unterscheiden zu können – sonst können wir weder für noch gegen eine dieser Auffassungen Stellung nehmen, und wenn wir dies dennoch tun, wären diese Stellungnahmen rational nicht rechtfertigbar, sie wären beliebig. Andere Unterscheidungsmerkmale würden uns aber vor das gleiche Problem stellen: Ein jeder würde das positive Unterscheidungsmerkmal seinen eigenen Auffassungen zuschreiben und den gegnerischen Auffassungen absprechen. Für die Wahrheit gibt es solche Instanzen und sie hat sich als Unterscheidungsmerkmal durch die ganze Philosophiegeschichte hindurch bewährt. Bleiben wir also bei der Wahrheit.

Wir brauchen ein Fundament, einen Standpunkt, an dem, auf dem und von dem aus wir entscheiden, ob Ansprüche auf Wahrheit zu Recht erhoben und damit eingelöst werden, oder ob sie zu Unrecht erhoben und damit zurückgewiesen werden.

104. Kann uns die wahrheitsorientierte Philosophie den Weg aus der Beliebigkeit zeigen?
Können wir mit Hilfe ihres Begriffsinstrumentariums, mit Hilfe ihrer argumentativen Mittel, mit Hilfe ihrer Erkenntniskriterien und Instanzen beurteilen und herausfinden, welche unter den unterschiedlichen Auffassungen zu Recht für wahr gehalten werden und damit wahr sind und welche nicht?
Können wir so das Dickicht von Auffassungen ausdünnen, den Meinungsdschungel roden und dabei die Auffassungen in Richtung auf die eine wahre Auffassung hin reduzieren, auch wenn sich hinter jeder Lichtung, die wir gerodet haben, der Meinungsurwald wieder schließt.

105. Als Orientierungshilfe, als Wegweiser in die richtige Richtung bieten sich die Wahrheitstheorien an, die in der dualistischen Philosophie entwickelt wurden. Wir müssen einschränken: Sobald wir uns für eine Wahrheitstheorie entschieden haben, werden die übrigen Defizite aufweisen, die es nicht angeraten sein lassen, sich auf sie zu verlassen. Außerdem kommen ständig neue Wahrheitstheorien auf den Markt der Philosophie, die sich meist aus der Kritik der vorhandenen herausentwickeln und beanspruchen, deren Defizite zu beheben. Die Wahrheitstheorien haben gemeinsam, dass sie eine Wahrheitsidee verkörpern, die im allgemeinen transpersonal und transsubjektiv ist, die aber zumindest *auffassungstranszendent* ist: also eine Wahr-

heitsidee, der zufolge Auffassungen, die wahr sind oder zumindest sein wollen, einen Anspruch erheben, der über diese Auffassungen hinausgeht: Die Wahrheitsansprüche enden sozusagen nicht bei der Gegenauffassung, bei der falschen Auffassung. Sie übergehen diese.
Wird für Auffassungen ein Wahrheitsanspruch zu Recht erhoben, dann gelten sie nicht nur *hic et nunc*, sondern *semper et ubique*, wenn wir relativistische Einschränkungen außer Acht lassen.

106. Die philosophischen Wahrheitstheorien sind immer reduktionistisch. Damit fördern sie auch – im Erfolgsfall – eine kulturelle, wissenschaftliche und kommunikative Vereinheitlichung, Nivellierung, Gleichschaltung und Gleichgesinnung. Widersprüche werden beseitigt und Meinungsunterschiede bereinigt, auch wenn dies eine Sisyphosarbeit ist, da ja ständig neue Auffassungen mit neuen Wahrheitsansprüchen ›nachwachsen‹.
Aber da es im Erfolgsfall die wahren Auffassungen sind, die in diesem Reduktionsprozess übrig bleiben, soll es uns nur recht sein. Oder?

107. Es geht also darum, Dissense (konfligierende Theorien, Beschreibungen, Auffassungen, etc.) in Konsense überzuführen – und zwar nicht in irgendwelche beliebigen Konsense, sondern in wahre Konsense. Irrtümer und Falschheiten sollen so weit als möglich ausgeschieden und Wahrheiten bewahrt werden.

108. Die Grundstimmung des dualistischen Denkens: Konsens ist besser als Dissens, Einhelligkeit besser als Zwielichtigkeit, Eindeutigkeit besser als Mehrdeutigkeit, eine Wahrheit besser als viele Irrtümer.

109. Vielleicht sollte hier angemerkt werden, dass das Gemenge von Meinungen und Auffassungen in unseren Diskursen gar nicht so schlecht funktioniert, dass wir uns darin immer schon orientieren und zurechtfinden, gleich welche Meinung oder Auffassung wir vertreten. Wichtig ist nur, *dass* wir eine Meinung haben.

Wir unterscheiden ja ständig: zwischen Theorien, die wir vorziehen, und solchen, die wir ablehnen, Auffassungen, bei denen wir bleiben, und solchen, die wir aufgeben, und anderen, die wir (daher oder zusätzlich) neu übernehmen.

110. In manchen Bereichen, etwa an der Börse, würde die Wahrheit, wäre sie allgemein bekannt, nichts nützen; im Gegenteil: Wenn alle Teilnehmer wissen, welche Aktien steigen werden und welche nicht, dann würde niemand kaufen und niemand verkaufen können, weil jene, die verkaufen wollen, keine Käufer finden und die Käufer keine Verkäufer.

Und auch, wenn alle wissen, was die Substanz, was der wahre Wert eines Unternehmens ist, bricht der Handel zusammen. Die Börse funktioniert nur deshalb so, wie sie funktioniert, weil die Teilnehmer verschiedener Meinung sind über die Entwicklung der Aktienkurse und die Daten, die diesen zugrunde liegen. Nur weil sich ständig Teilnehmer irren, und andere Recht behalten oder bekommen, nur solange ein tendenzielles Gleichgewicht im Dissens erhalten bleibt, funktioniert der Handel an der Börse.

111. Als Wahrheitsdefinition akzeptieren beinahe alle Varianten des dualistischen Denkens: »Ein Satz ›p‹ ist wahr nur dann, wenn p.« Die Probleme beginnen bei der Feststellung der Wahrheit.

Wir können die dualistischen Wahrheitstheorien in zwei Gruppen einteilen:

a) Theorien, die Wahrheit durch einen Bezug auf die Objektebene feststellen bzw. für die Feststellung der Wahrheit eine Sprachebene und eine Objektebene heranziehen: Die Wahrheitskandidaten werden auf der ersten Ebene bestimmt, über den Erfolg ihrer Kandidatur wird auf der zweiten Ebene entschieden. Zu dieser Gruppe gehören zum Beispiel die Korrespondenztheorie, die Evidenztheorie, die Abbildtheorie, die Widerspiegelungstheorie und auch die Wahrheits- bzw. Falschheitstheorie des Kritischen Rationalismus.
b) Theorien, die zwar mit der ersten Gruppe die Definition der Wahrheit als Übereinstimmung mit der Wirklichkeit teilen, aber geltend machen, dass Wahrheit nur auf der Sprachebene argumentativ feststellbar ist. Zu dieser Gruppe gehören Konsens- und Kohärenztheorien der Wahrheit.

112. Alle Wahrheitstheorien sind Übereinstimmungstheorien: Es geht je nach Theorie um Übereinstimmung zwischen Beschreibung und Objekt, zwischen den Teilnehmern eines Diskurses, zwischen Elementen eines Aussagensystems oder um einen möglichst großen Anwendungsbereich von »wir« im Neopragmatismus.
Die Vertreter beider Gruppen von Wahrheitstheorien reden über die Welt, aber in der zweiten Gruppe lässt sich die Wahrheit oder Falschheit unseres Redens nicht an der Welt, sondern nur im Reden über sie feststellen.
Entweder sind Auffassungen wahr, weil sie mit der Wirklichkeit übereinstimmen (Korrespondenztheorie), oder sie stimmen mit der Wirklichkeit überein, weil sie wahr sind (Kohärenztheorie, Konsenstheorie).
Noch einfacher ausgedrückt: Nach der Korrespondenztheorie bleiben im Selektionsprozess von Auffassungen in

wahre und falsche Auffassungen jene übrig, die wahr sind, nach der Konsenstheorie sind jene wahr, die übrig bleiben.

113. Die Wahrheitstheoretiker kritisieren einander: Der Kohärenztheorie, der Konsenstheorie und der pragmatischen Theorie wird vorgeworfen, dass sie Beliebigkeit nicht ausschalten können, ohne die Sprachebene zu überschreiten und auf die Objektebene Bezug zu nehmen.
Der Korrespondenztheorie wird vorgeworfen, dass Aussagen nur untereinander verglichen werden können, aber nicht (direkt) mit der Wirklichkeit.
Die Kritik lässt sich schlicht so ausdrücken:
Der Einwand der Korrespondenztheorie gegen die Konsenstheorie ist einfach der, dass sie ohne korrespondenztheoretische Voraussetzungen nicht auskommt.
Der Einwand der Konsenstheorie gegen die Korrespondenztheorie ist einfach der, dass sie auf ein konsenstheoretisches Prinzip zurückgreifen muss.
Die Korrespondenztheorie scheitert, insofern sie Wahrheit ohne konsenstheoretische Bestimmung festzustellen beansprucht, und die Konsenstheorie scheitert, insofern sie Wahrheit ohne korrespondenztheoretische Bestimmung erzielen will.
Damit besteht das Scheitern der jeweils kritisierten Theorie darin, dass sie von der Theorie abweicht, von der aus der Vorwurf des Scheiterns erhoben wird.

114. Die dualistischen Wahrheits- und Erkenntniskonzeptionen sind dogmatische Setzungen und sie sind nicht selbstanwendbar.
Der Versuch ihrer Selbstanwendung führt in eine paradoxe Situation.
Wenn der Konsenstheoretiker sagt, dass die Konsenstheo-

rie falsch ist, wenn über sie kein vernünftiger/wahrer Konsens erzielbar ist, dann bleibt das Konsensprinzip erhalten;
wenn ein Vertreter der Korrespondenztheorie sagt, dass die Korrespondenztheorie falsch ist, wenn sie nicht mit der Wirklichkeit übereinstimmt, dann bleibt das Korrespondenzprinzip erhalten;
wenn ein Vertreter der Kohärenztheorie sagt, dass die Kohärenztheorie falsch ist, wenn sie zum Beispiel nicht in ein System wissenschaftstheoretischer Aussagen passt, mit diesem nicht kohäriert, dann bleibt das Kohärenzprinzip weiter in Kraft;
wenn ein Kritischer Rationalist sagt, dass der Kritische Rationalismus dann falsch ist, wenn er an der Realität scheitert: dann wird der zentrale Grundsatz des Kritischen Rationalismus bewahrt;
wenn ein Anhänger des Neopragmatismus sagt, dass er seine Position dann aufgibt, wenn sie nicht hinlänglich gerechtfertigt werden kann – dann bleibt jedenfalls die hinlängliche Rechtfertigung als Prinzip für einen Neubeginn erhalten.
Der dualistische Wahrheits- und Erkenntnistheoretiker hat nur zwei Möglichkeiten: Entweder er gibt als Bedingung für die Widerlegung seiner Theorie Elemente seiner Theorie an: dann bleibt seine Theorie trotz Widerlegung erhalten, oder er gibt dafür Elemente einer anderen Theorie an: dann hat er sich insofern von seiner eigenen Theorie bereits verabschiedet. Wenn etwa ein Kritischer Rationalist sagt, dass der Kritische Rationalismus dann scheitert, wenn über ihn kein vernünftiger/wahrer Konsens erzielbar ist, dann ist er insofern kein Kritischer Rationalist (mehr).

115. Sind die Wahrheitstheorien als Führer durch den Meinungsdschungel geeignet? Oder führen sie uns nur dahin,

wo wir immer schon sind: zu den Auffassungen, die wir schon haben?

116. Wäre es nicht merkwürdig zu sagen: »Hätte ich doch schon früher in aller Ausführlichkeit gewusst, dass Auffassungen wahr sind, wenn sie mit der Wirklichkeit übereinstimmen oder wenn über sie ein wahrer Konsens erzielbar ist. Dann hätte ich vielleicht schon früher erkannt, welche meiner Auffassungen wahr sind und welche nicht.«

117. Sind die Auffassungen von Menschen, die sich mit philosophischen Wahrheitskonzeptionen vertraut gemacht haben, eher wahr als die Auffassungen anderer, die dies nicht getan haben? Mag sein, dass sie öfter von wahren Konsensen, von Übereinstimmung mit der Wirklichkeit und vom Scheitern von Hypothesen sprechen, auch dass sie unterstellen, dass ihre Kommunikation unverzerrter ist: aber die Auffassungen, auf die sie Wahr-Falsch-Unterscheidungskriterien anwenden, wenn sie es überhaupt tun, die ändern sich dadurch wohl kaum.

118. Ist es möglich, dass die dualistische Wahrheitskonzeption alle jene Auffassungen als wahr ausweisen kann, die wir immer schon haben – jedenfalls in dem (Aus-)Maß, in dem die jeweilige Wahrheitstheorie dies zulässt? Und kann sie alle jene Auffassungen als falsch und irrig ausweisen, die wir nicht vertreten? Sind die allgemeinen Wahrheits- und Erkenntnisinstanzen durch jede beliebige besondere Auffassung erfüllbar?

119. Die Unterscheidungen zwischen wahr und falsch, zwischen Beschreibung und Objekt, Wahrnehmung und Illusion werden erst dann in den Diskurs eingeführt, wenn

Konflikte auftreten: Konflikte zwischen Teilnehmern eines Gesprächs, zwischen Leser und Autor, Differenzen zwischen früheren und gegenwärtigen Auffassungen oder Wahrnehmungen einer Person etc.

120. Viele, wenn nicht die Mehrzahl der menschlichen Diskurse verlaufen konfliktfrei. Meinungen ergänzen einander oder werden ausgetauscht, die Kommunikation in solchen Diskursen gleicht einem »Monolog mit verteilten Rollen«. In Hinblick auf die mögliche Wahrheit oder Falschheit von Auffassungen, die in konfliktfreien Diskursen vertreten werden, lässt sich bloß sagen »Wo kein Kläger, da kein Richter«. Das Instrumentarium der dualistischen Argumentationstechnik kommt erst dann zum Einsatz, wenn aus einem Konsens ein Dissens wird. Solange unsere Diskurse nur in eine Richtung laufen und nicht »diskursiv« werden, stellt sich das Problem von Wahrheit und Irrtum nicht.

121. Wenn in Diskursen Konflikte auftreten, dann stehen einander widersprechende Auffassungen, Meinungen, Beschreibungen und Thesen gegenüber. Die Diskursteilnehmer werfen einander vor zu irren, etwas Falsches oder fälschlich zu behaupten, während sie für die Eigenauffassung einen mehr oder weniger starken Wahrheitsanspruch erheben, dessen Einlösung sie von den übrigen Diskursteilnehmern beanspruchen.

122. Was sind nun die angestrebten Auswirkungen des Suchens und Findens von Wahrheit auf Diskurse, in denen Konflikte auftreten? Im Erfolgsfall wird die Pluralität der Auffassungen im Diskurs in Richtung auf die eine und wahre Auffassung hin reduziert. Und die dualistische Wahrheits-

philosophie soll der Garant dafür sein, dass die letztendlich in diesem Selektionsprozess übrig bleibende Auffassung nicht einfach die Wahrheit des Stärkeren ist, wohl aber die wahre oder eher wahre und wenn, dann nur deshalb stärkere Auffassung.

123. Die Instanz im Jenseits des Diskurses hat als allgemeine Instanz den Vorteil, dass sich ein jeder mit ihr in Übereinstimmung bringen kann. Für jede beliebige Auffassung kann postuliert werden, dass sie mit der Realität, mit der Welt, mit der Wissenschaft, übereinstimmt, dass sie hinlänglich gerechtfertigt ist etc.

124. In jedem Konfliktdiskurs werden wir die jeweils eigenen Auffassungen favorisieren. Wir halten sie für eher wahr als alle jene Auffassungen im Diskurs, die von unseren eigenen Auffassungen abweichen.
Wir unterstellen, dass die Eigenauffassungen eher mit der Wirklichkeit oder mit der Wissenschaft übereinstimmen, eher hinlänglich gerechtfertigt sind als alle uns bekannten Gegenauffassungen. Sobald uns nämlich eine »wahrere« oder für »wahrer« gehaltene Auffassung als unsere eigene Auffassung bekannt ist, werden wir eben diese Auffassung vertreten und nicht die – dann nicht mehr – »eigene« Auffassung, es sei denn, wir spielen ›advocatus diaboli‹ oder lügen und reden anders als wir denken.
Das schließt nicht aus, dass unser Wissen unsicher ist, dass wir uns irren können: aber wir können nicht behaupten, dass es unsicherer oder eher falsch ist als uns bekanntes Wissen, als Wissen von dem wir wissen und über das wir somit verfügen.
Wenn nun jeder Diskursteilnehmer seine eigenen Auffassungen für die (eher) wahren hält, dann trägt der Wahr-

heitsanspruch für eine Auffassung zu ihrer Durchsetzung nichts bei. Es kommt noch hinzu, dass immer schon eine Vor-Selektion aus allen möglichen Auffassungen getroffen wurde. Dass wir diese Auffassungen vertreten und nicht jene, ist ja ein (Zwischen-)Resultat der bisherigen Erkenntnistätigkeit. Jeder Proponent vertritt in einer Diskussion die These unter allen ihm bekannten Thesen, der er die größte Wahrheitschance einräumt.
(Die wechselseitigen Wahrheitsansprüche motivieren den Einigungsprozess in Richtung auf die Wahrheit, aber gleichzeitig behindern sie ihn dadurch, dass jeder Diskursteilnehmer seine Auffassung der Wahrheit am nächsten sieht.)

125. Ein anderes Hindernis auf dem Weg zur Realisierung der dualistischen Wahrheitsidee ist das Problem, *dass wir hinsichtlich der Auffassungen, die wir vertreten, zwischen Wahrheit und Irrtum nicht unterscheiden können.*
Wenn wir zugeben, dass wir uns irren können – und wer würde dies nicht – dann müssen wir zugleich auch feststellen, dass der Irrtum, solange wir ihn begehen, nicht feststellbar ist.
Einen Irrtum können wir erst feststellen, wenn wir ihn begangen haben, das heißt, wenn wir ihn nicht mehr begehen. Wir können kein Beispiel für einen Irrtum angeben, solange wir ihn machen.
Das Eingeständnis des Irrtums ist immer auf die Vergangenheit bezogen und trifft nicht die Gegenwart.
Dagegen macht es uns keine Schwierigkeiten, im Diskurs den Irrtum des Anderen festzustellen. Aber diese Feststellung können wir nur treffen, wenn wir zumindest »for the time being« die eigene Auffassung außer Frage stellen und als wahr voraussetzen.
Damit liegt jedoch der Irrtum der Gegenauffassung bloß in

der Abweichung von der Auffassung, von der aus der Irrtumsvorwurf erhoben wird.
Dieser Tendenz entspricht auch, dass der Irrtum immer der Wahrheit vorausgeht – es ist immer die zuletzt vertretene Auffassung jene, die ich als wahr vertrete und vertreten muss, zumindest bis ich sie ablöse zugunsten einer neuen Auffassung, die dann die Rolle der wahren Auffassung übernimmt.
Je weiter wir in der Geschichte oder in der persönlichen Biographie zurückgehen, umso zahlreicher werden die Irrtümer – aber dabei handelt es sich nur um Irrtümer von denen wir uns getrennt haben, die wir eingesehen haben.
Und je weiter wir uns der Gegenwart nähern, umso mehr überwiegen die Wahrheiten – aber dieses Annähern an die Wahrheit ist nicht mehr als die Annäherung an die Auffassungen, die wir hier und jetzt vertreten. Zur Irrtumseinsicht gehört nun einmal, dass sie erst dann stattfindet, wenn wir die ›neue‹ Wahrheit schon gefunden haben.

126. (Wie unterscheiden wir zwischen Wahrnehmung und Illusion?
Hinsichtlich der Perzeptionen, die wir machen, können wir zwischen Wahrnehmung und Falschnehmung nicht unterscheiden. Erst wenn wir die bisherige Perzeption durch eine neue Perzeption abgelöst haben, können wir von der neuen Perzeption aus die frühere Perzeption als Illusion bestimmen. Solange wir Wasser in der Wüste sehen, können wir zwischen Wasser und Fata Morgana nicht unterscheiden. Erst wenn wir in der Wüste kein Wasser sehen, können wir das vorgängige Wasser-Sehen als Fata Morgana bestimmen: von dieser neuen Perzeption aus, hinsichtlich der wir wieder nicht zwischen Wahrnehmung und Falschnehmung unterscheiden können.)

127. Wahrheitsansprüche und Irrtumsvorwürfe werden erst dann explizit erhoben, wenn im Diskurs Konflikte auftreten, das heißt auch: wenn der Konsens zusammenbricht, der bis dahin bestanden hat. Diskurse beginnen nicht mit einem Konflikt, sie beginnen mit einem Konsens. Wenn wir zum Beispiel diskutieren, ob der Tisch hier aus Holz ist oder aus Kunststoff, dann können wir *diese* Diskussion nur führen, wenn und solange Konsens herrscht, *dass* hier ein Tisch ist.

Zwar können wir diesen Basiskonsens, diesen Ausgangskonsens, jederzeit in Frage stellen und aufheben – aber dann würden wir vielleicht einen Diskurs darüber führen, ob hier ein Stuhl ist oder ein Tisch, und wir hätten einen neuen Basiskonsens, von dem wir ausgehen, etwa dass hier ein Möbelstück ist.

128. An den Bruchstellen des Konsenses, wenn das Gespräch diskursiv wird, werden im wahrheitsorientierten Diskurs Ausdrücke und Wendungen eingesetzt, die uns allen wohl bekannt sind. Ausdrücke wie die Folgenden: *»in Wirklichkeit«; »tatsächlich«; »offensichtlich«; »in Wahrheit«; »wie wir heute wissen«; »dagegen zeigt sich«; »wie wir gesehen haben«; »evidenterweise«; »vom wissenschaftlichen Standpunkt aus«* und dergleichen mehr.

Auf diese Ausdrücke folgen immer die eigenen Auffassungen. Sie leiten die Eigenauffassungen ein und machen den Wahrheitsanspruch für sie explizit. Der Gebrauch von Wendungen wie »in Wahrheit« und »in Wirklichkeit« weist auch auf eine Tendenz zur Verjenseitigung des eigenen Denkens hin. Diese Tendenz kommt in der Entpersönlichung, in der Depersonalisation, in der Objektivierung genau jener Auffassung zum Ausdruck, für die im Konfliktfall notwendigerweise der Wahrheitsanspruch erhoben wird, also der eigenen Auffassung. Wenn wir lesen »In Wirklichkeit verhält sich dies so und so ...«, dann steckt dahinter auch der Wunsch des Autors, dass wir seine Meinung nicht persönlich nehmen sollen, dass wir von ihm absehen und abstrahieren sollen. Wir sollen den Eindruck bekommen, dass die Meinung des Autors auch dann gilt, wenn er selbst sie nicht vertritt und sogar wenn niemand sie vertritt. Die eigene Auffassung wird entpersönlicht, sie ist es ja, für die der Wahrheitsanspruch erhoben wird. Und in dem Ausmaß, in dem der Wahrheitsanspruch zu Recht erhoben wird, wird auch die eigene Auffassung zu Recht depersonalisiert: wenn es in Wirklichkeit so ist, wie ich sage, dass es ist, dann gibt es auch keinen Anlass, nicht zu sagen, dass es in Wirklichkeit so ist.

Dagegen wird die abweichende Auffassung, gegen die der Falschheitsvorwurf erhoben wird, personalisiert. Der Diskurspartner und Kontrahent *»glaubt fälschlich, dass«*, *»hält scheinbar für wahr«*, *»vertritt die falsche Auffassung«*, *»ist der irrigen Meinung«* etc.

129. Was geschieht hier? Nun – die Wahrheit wird depersonalisiert und die Falschheit wird personalisiert. Aber da die Wahrheit noch nicht festgestellt wurde, sollten wir vielleicht zurückhaltender formulieren: Die für *wahr gehaltene* Auffassung – die eigene Auffassung – wird depersonalisiert, und die für *falsch gehaltene* Auffassung – die Gegenauffassung – wird personalisiert.

Die Wahrheit ist unpersönlich, ist subjektunabhängig und Falschheit und Irrtum sind persönlich, sind subjektabhängig. Falschheit und Irrtum sind nur in unserem Kopf, aber die Wahrheit ist in ihm und außer ihm. Irren ist menschlich, aber die Wahrheit ist nicht allein Menschenwerk.

130. Durch die Depersonalisation erhalten jene Aussagen, für die der Wahrheitsanspruch erhoben wird, sozusagen eine »äußere Form«, die den erwähnten Charakteristika der Wahrheit entspricht. Depersonalisation und Personalisation tragen jedoch zur Wahrheit und Falschheit von Auffassungen nichts bei. Überhaupt lässt sich sagen, dass der wahrheitsorientierte Diskurs zur Wahrheit nichts beitragen will: Er kann immer nur die Wahrheit von Auffassungen *feststellen*. Die Entscheidung über Wahrheit und Falschheit fällt nicht im Diskurs, sondern jenseits des Diskurses und ist dort genau genommen immer schon gefallen. Die Entscheidung wird diesseits, im Diskurs, bloß verkündet.

131. Andererseits kann der wahrheitsorientierte Diskurs auf die Argumentationsfiguren von Depersonalisation und Personalisation nur schwer verzichten. Ich kann ja die Gegenauffassung nur insoweit kritisieren, als ich die eigene Auffassung zumindest für die Dauer dieser Kritik außer Frage (und in gewisser Weise auch außerhalb des Diskurses) stelle, das heißt: nicht diskutiere.
Und diese Außerfragestellung der eigenen Auffassung geschieht nach außen hin durch ihre Depersonalisation. Die Falschheit der abweichenden Auffassung lässt sich nun einmal nur von einer zumindest insofern und insolang als wahr vorausgesetzten Auffassung aus feststellen – und dafür ist es gleichgültig, ob die eigene Auffassung »wirklich« oder bloß »vermeintlich« wahr ist.

132. Nun geht es aber im wahrheitsorientierten Diskurs darum, nur wirklich wahre Sätze als wahr festzustellen und nicht bloß vermeintlich wahre Sätze; es geht auch nicht um eine Erkenntnis, deren Autorität aus Ausdrücken und Argumentationsfiguren hergeleitet wird, die auf beliebige Auf-

fassungen angewandt werden können; es geht zumindest *expressis verbis* um eine Art Erkenntnisautorität, wie sie nur die Wirklichkeit selbst oder eine andere Wahrheitsinstanz (etwa der Standpunkt der führenden Wissenschaftler) verleihen kann.

133. Den Zugang zu dieser Instanz verschafft sich der dualistische Denker durch eine *Dualisierung der Erkenntnissituation.* Die Erkenntnissituation wird dualisiert. Was ist unter einer solchen Dualisierung zu verstehen? Es wird eine Unterscheidung eingeführt (der Dualist würde eher sagen: vorausgesetzt) zwischen dem Objekt des Diskurses und dem Diskurs über das Objekt (im Beispiel, das wir hier diskutieren wollen: eine Unterscheidung zwischen dem Tisch, der hier steht, und dem Diskurs, den wir über ihn führen); eine Unterscheidung zwischen den Auffassungen, Beschreibungen, Thesen, Aussagen und dem, worüber sie gehen.

Diese Unterscheidung soll es uns ermöglichen, das Jenseits des Diskurses anzugeben, in dem die Entscheidung über die Wahrheit oder Falschheit unserer Auffassungen fällt; und sie soll damit auch ermöglichen, diese Entscheidung im Diskurs nachzuvollziehen, nämlich durch die Feststellung der Wahrheit oder Falschheit im Wege eines Bezugs der Auffassungen auf das Diskursobjekt.

134. Eine erste Vorbestimmung des Jenseits des Diskurses ist möglich mit Hilfe von Depersonalisierungsausdrücken, vor allem mit Hilfe von ›Wirklichkeit‹ oder ›Realität‹. Eine derartige Bestimmung des Jenseits wäre jedoch viel zu allgemein, um eine Entscheidung zwischen eigener Auffassung und Gegenauffassung herbeizuführen. Wenn es zum Beispiel darum geht, ob der Tisch hier aus Holz ist oder aus

Kunststoff, dann würde ich einen Vertreter der Gegenauffassung wohl kaum umstimmen können, wenn ich einfach sage: »Der Satz ›Der Tisch ist aus Kunststoff.‹ ist falsch, weil der Tisch in Wirklichkeit nicht aus Kunststoff ist.« – und ich könnte ihn auch nicht umstimmen, wenn ich sage »Der Satz ›Der Tisch ist aus Kunststoff.‹ ist falsch, weil er nicht mit der Wirklichkeit übereinstimmt.« Solche Hinweise auf das Jenseits des Diskurses wären von »nackten« Behauptungen kaum zu unterscheiden.

135. Das Jenseits des Diskurses muss soweit konkretisiert werden, dass eine Entscheidung über Wahrheit und Falschheit der konträren Auffassungen im Diesseits, im Diskurs, festgestellt werden kann; das heißt, das Jenseits muss zu genau jenem Ausschnitt der Wirklichkeit hin konkretisiert werden, um den es im Diskurs geht.
Wie soll dies bewerkstelligt werden?
Es ist ja nicht möglich, den Wirklichkeitsausschnitt, über den unser Diskurs geht und der über die Wahrheit der konträren Auffassungen entscheidet, anders anzugeben als mit Hilfe der eigenen Auffassung – oder zumindest mit Hilfe von Elementen oder Erweiterungen der eigenen Auffassung.

136. Vier Varianten der dualistischen Vorgangsweise will ich anhand unseres Beispiels diskutieren:
(1) Wenn ich das Objekt, in unserem Beispiel *den Tisch, der hier steht,* mit Hilfe der eigenen Auffassung angebe, dann mache ich damit bloß einen Vorgriff auf das erhoffte, das Wunschergebnis, um dessentwillen das Diskursjenseits postuliert wurde. Das Angeben des Objekts mit Hilfe der eigenen Auffassung würde in unserem Beispiel zum Ergebnis führen »Der Satz ›Der Tisch ist aus Holz.‹ ist wahr, weil

der Tisch in Wirklichkeit aus Holz ist.«, bzw. unter Einbeziehung der Gegenauffassung zum Ergebnis »Der Satz ›Der Tisch ist aus Kunststoff.‹ ist falsch, weil in Wirklichkeit der Tisch aus Holz ist.« Wenn ich nicht – wie hier geschehen – schon bei der Angabe des Objekts im Diskursjenseits, auf das ich die Gegenauffassung beziehe, die Entscheidung zwischen Wahrheit und Falschheit in meinem Sinn, also in Richtung auf die eigene Auffassung vorwegnehmen will, was dann?

137. Nun, dann könnte ich mich vielleicht (2) bei der Angabe des Objekts auf jene Elemente meiner Auffassung beschränken, die außer Streit stehen. Diese Elemente wären der schon erwähnte Basiskonsens, *dass hier ein Tisch steht.* Nun ist aber der Basiskonsens mit beiden Auffassungen vereinbar, sie sind ja beide aus ihm hervorgegangen. Er bildet sozusagen die neutrale Ausgangsbasis für die dann konträr gewordenen Auffassungen und ist damit für eine erkenntnisentscheidungskräftige Angabe des Diskursjenseits nicht hinreichend.

138. Eine dritte Möglichkeit (3), das Diskursjenseits anzugeben, wäre die Angabe mit Hilfe der Gründe, die für die eigene Auffassung sprechen; genauer gesagt: mit Hilfe der Gründe, aus denen die eigene Behauptung, für die der Wahrheitsanspruch erhoben wird, hergeleitet werden kann.
Zumindest in jedem halbwegs rationalen Diskurs sollten wir in der Lage sein, unsere Behauptungen auch zu begründen. Auf unser Beispiel bezogen könnten wir etwa sagen: »Der Satz ›Der Tisch ist aus Holz.‹ ist wahr, weil der Tisch typische Holzmaserung aufweist und Holzwurmlöcher hat.« Oder, unter Einbeziehung der Gegenauffassung: »Der Satz ›Der Tisch ist aus Kunststoff.‹ ist falsch, weil der Tisch ty-

pische Holzmaserung aufweist und Holzwurmlöcher hat.« Nun kann es hier zu einer Auffassungsänderung beim Diskurspartner kommen, wenn er meine Gründe für meine Behauptung nicht gekannt hat, als ich für meine Behauptung den Wahrheitsanspruch erhoben habe. Dies ändert aber nichts daran, dass das angebliche Diskursjenseits, auf das ich die Gegenauffassung bezogen habe, sich aus nichts weiter zusammensetzt als den depersonalisierten Elementen einer sozusagen erweiterten, um Gründe angereicherten eigenen Auffassung, die ich als wahr vorausgesetzt habe.

139. Die vierte Möglichkeit (4), die wir besprechen wollen, ist die Prüfung der Thesen am Objekt, der Versuch, die Thesen am Widerstand der Realität scheitern zu lassen. In unserem Beispiel einer empirischen Erkenntnissituation stellen mein Diskurspartner und ich konträre Thesen auf, mein Diskurspartner die These »Der Tisch, der hier steht, ist aus Kunststoff.« und ich die These »Der Tisch, der hier steht, ist aus Holz.« Nehmen wir an, dass mein Diskurspartner seine These, dass der Tisch hier aus Kunststoff ist, überprüft. Woran überprüft er sie? An der Realität, am Diskursobjekt? Was geschieht hier?
Zuerst wollen wir anmerken, dass ja auch die erste, die Tisch-aus-Kunststoff-These, nicht aus dem Hut gezogen worden ist; auch diese These ist ja bereits auf empirischem Weg zustande gekommen, etwa durch ein kurzes Hinschauen auf den Tisch, aus der Nähe und im Zwielicht.
Eine neue These kommt vielleicht zustande, indem der Diskurspartner den Tisch scharf ins Auge fasst, dabei mit der Hand über die Tischoberfläche fährt und sich einen Splitter einzieht. Er gelangt nun zur neuen These, dass der Tisch aus Holz ist und wird die frühere These zugunsten der neuen These aufgeben. Wenn der Diskurspartner nun ein dualisti-

scher Wahrheitssucher ist, wird er beanspruchen, dass er die erste These durch ihre Überprüfung an der Realität als falsch ausgewiesen hat.
Für eine Falschausweisung der ersten These im dualistischen Sinn müssen wir jedoch den Realitätsausschnitt angeben, an dem die erste These gescheitert ist. Und diese Angabe kann nur mit Hilfe der nunmehr als wahr vorausgesetzten zweiten These erfolgen. Von ihr aus wird die Falschheit der ersten These festgestellt. Das Scheitern der ersten These an der Realität ist damit nichts weiter als ein Scheitern an einer neu aufgestellten These, ist die Ablösung der früheren These durch eine neue These.
Die Referenz der ersten Beschreibung erfolgt nicht auf einen Tisch im Jenseits der Beschreibung, sondern auf eine zweite Beschreibung.
Über Wahrheit oder Falschheit der ersten Beschreibung entscheidet nicht ein diskursjenseitiger Tisch: Über Wahrheit oder Falschheit der ersten Beschreibung wird von der zweiten Tischbeschreibung aus entschieden, die als wahr vorausgesetzt wird.

140. Wenn wir wahrheitsorientiert das Scheitern von Thesen an der Realität postulieren, kommt es wieder zu einer Dualisierung, zu einer Unterscheidung zwischen der Realität und der These, die über die Realität geht.
Wie kann diese Unterscheidung, die für die wahrheitsorientierte Philosophie von zentraler Bedeutung ist, eingeführt werden? Die Unterscheidung zwischen Sprachebene und Weltebene, zwischen Beschreibungsebene und Objektebene, ist eine Unterscheidung, die sich ein Dualist jederzeit zutraut.
Wie wird diese Unterscheidung gemacht?
Während ich den Tisch beschreibe, während ich über ihn

reflektiere, kann ich zwischen dem Beschreiben des Tisches und dem Tisch nicht unterscheiden.
Kann ich *nach* der Beschreibung des Tisches zwischen der Beschreibung des Tisches und dem Tisch unterscheiden, etwa so: »Der Tisch ist aus Holz, hingegen ist die Beschreibung kurz und bündig, wahr und adäquat.« oder so: »Der Tisch ist aus Holz, aber die Beschreibung des Tisches ist nicht aus Holz.«
Aus dieser Unterscheidung lässt sich keine Unterscheidung zwischen einer diskursexternen Realität und einer diskursinternen Beschreibung gewinnen: Ich kann zwar den Tisch von der Beschreibung des Tisches unterscheiden, indem ich den Tisch (erneut) beschreibe und die Beschreibung des Tisches beschreibe.
Aber das Objekt *dieser* Beschreibung(en) ist nicht der Tisch, sondern der Tisch *und* die Beschreibung des Tisches. Wir sind also wieder in einer Situation, in der wir das Objekt der Beschreibung von der Beschreibung des Objekts nicht unterscheiden können; wir sind wieder in einem »während« der Beschreibung.

141. Der (realistische) Dualist John Searle schreibt zu Beginn seines Buches *Die gesellschaftliche Konstruktion der Wirklichkeit* den Satz: »Soweit wir gegenwärtig wissen, ist die Welt in ihren Grundzügen so, wie sie von der Physik, der Chemie und den anderen Naturwissenschaften beschrieben wird.« John Searle hat diesen Satz 1997 veröffentlicht. Dieser Satz hätte aber auch von einem John Searle des Jahres 1697 veröffentlicht werden können, ja er hätte jederzeit geschrieben werden können. Wenn ich eine sprachverschiedene Welt voraussetze, ist die Welt immer so, wie ich sie beschreibe: Ich kann sie ja nur mit Hilfe der Beschreibungen angeben, die ich mache. Oder? Kann ich sagen, dass die

Welt nicht so ist, wie ich sie beschreibe? Dann habe ich vielleicht eine andere Beschreibung im Hinterkopf. Aber damit komme ich in eine paradoxe Situation derart: dass ich die Welt zugleich so und anders beschreibe ... Ich kann nur sagen, dass die Welt anders ist, als ich sie beschrieben *habe*, aber ich kann nicht sagen, dass die Welt anders ist, als ich sie beschreibe.

142. Eine Unterscheidung zwischen Objekt und Beschreibung ist nur möglich als Unterscheidung zwischen einer depersonalisierten Eigenauffassung und der Beschreibung, die ein Anderer von der Welt macht.
Insofern die Weltbeschreibung des Anderen mit meiner Weltbeschreibung übereinstimmt, dann kann ich zwischen den Weltbeschreibungen keine Differenz, keinen Unterschied ausmachen.

143. Erst im Konflikt kann ich eine Differenz zwischen Objekt und Beschreibung bestimmen: Ich kann das Objekt nur von Beschreibungen unterscheiden, die das Objekt ›gegensätzlich‹ beschreiben, die das Objekt anders beschreiben, als ich es mit Hilfe meiner Beschreibung angegeben habe.
Der Dualist setzt seine Beschreibung der abweichenden Beschreibung des Anderen voraus. Damit kann er eine Nichtübereinstimmung zwischen Beschreibung und Objekt der Beschreibung konstatieren. Die Beschreibung des Anderen ist damit falsch: Sie stimmt nicht mit dem Objekt überein, weil der Dualist das Objekt mit seiner eigenen Beschreibung angegeben hat.
Die Differenz zwischen Objekt und Beschreibung bestimmt sich durch die Abweichung von der Beschreibung, mit deren Hilfe das Objekt angegeben wird.
Eine Differenz zwischen Objekt und Beschreibung kann nur

als Differenz zwischen der Beschreibung bestimmt werden, mit deren Hilfe das Objekt angegeben wird und der (anderen) Beschreibung des Anderen, die das Objekt beschreibt.

144. Die wahrheitsorientierte Philosophie bestimmt die Suche nach Wahrheit als Suche nach Übereinstimmung mit einer Wirklichkeit im Jenseits des Diskurses. Das Jenseits des Diskurses, das über Wahrheit und Falschheit unserer Auffassungen entscheidet, kann nur mit Hilfe der jeweiligen Eigenauffassung angegeben oder konstruiert werden.
Damit wird eine Wahrheit zur Suche vorgeschlagen und propagiert, die von demjenigen immer schon gefunden wurde, der den Erfolg ihrer Suche feststellt.
Die dualistische Methode des Wahrheit-Suchens-und-Findens wird damit zu einer Argumentationstechnik, deren Anwendung beliebige Auffassungen, solange sie vertreten werden, als wahr ausweisen kann. Und nicht nur das: Sie kann auch beliebige Auffassungen, die der jeweiligen eigenen Auffassung zuwiderlaufen, als falsch und irrig ausweisen, weil sie nicht mit dem selbst konstruierten Jenseits übereinstimmen.

145. Wenn alle am Diskurs Beteiligten diese Argumentationstechnik beherrschen und anwenden, dann führt dies zu einer Pattstellung zwischen den konträren Auffassungen. Mit einer solchen Pattsituation darf sich jedoch der wahrheitsorientierte Denker nicht zufrieden geben: Indem der Dualist das eigene Diskursjenseits allen am Diskurs Beteiligten voraussetzt, fordert er damit auch die Einlösung seiner Wahrheitsansprüche von den übrigen Diskursteilnehmern. Es geht ja im dualistischen Wahrheitsdiskurs darum, die konträren Auffassungen auf die eine und wahre Auffassung hin zu reduzieren, und damit auch um die Herstellung

eines Konsenses bestimmter Art, nämlich eines wahren Konsenses.
Dies wäre unproblematisch, solange ein Diskurs herrschaftsfrei verläuft. In einem herrschaftsfreien Diskurs würde eben kein Konsens zustande kommen. Nun sind aber in vielen unserer Diskurse Herrschaft, Macht und Autorität ungleich verteilt. Und dann sind die Diskursteilnehmer geradezu verpflichtet, wenn sie dem Ausschließlichkeitsanspruch (und dem hohen ethischen Anspruch) der Wahrheit Genüge tun wollen, den Versuch zu unternehmen, ihre vom Jenseits des Diskurses legitimierten Wahrheitsansprüche auch bei den übrigen Diskursteilnehmern durchzusetzen.

146. In der Philosophie (und auch in anderen Wissenschaften) besteht zum Glück nur selten die Gefahr, dass versucht wird, diese Pattstellungen durch Gewalt aufzulösen: die meisten Diskurse in der Philosophie finden in Abwesenheit des Diskurspartners oder ›Gegners‹ statt: Die Irrtumsvorwürfe werden meist in Texten gegen andere Texte erhoben, deren Autoren häufig nicht mehr am Leben sind und nur eher selten werden die Konflikte in Gesprächen zwischen Philosophen ›leibhaftig‹ ausgetragen.
Darum werden die meisten Auffassungen oder Theorien von Auffassungen aus widerlegt, die den widerlegten Theoretikern oft nicht einmal bekannt werden (können), und wenn sie ihnen zu Gesicht oder Gehör kommen, dann schreiben sie, wenn sie wollen, eine Widerlegung der Widerlegung.

147. Ist das Scheitern von Theorien so häufig, wie es behauptet wird? Wären alle Theorien gescheitert, deren Scheitern von einem Kritiker konstatiert wurde, dann wäre die Welt der Theorien ziemlich leer …
Ein zeitgenössischer Philosoph (Hilary Putnam) schreibt

1997 in seinem Buch »Für eine Erneuerung der Philosophie«: »Hier geht es mir nicht um eine polemische Auseinandersetzung mit Materialismus und Relativismus, sondern um die Erkenntnis, *was wir aus dem Scheitern dieser groß angelegten Anschauungen lernen können.*« Wen unter den Relativisten und Materialisten kümmert es, dass ein anderer Philosoph sie für gescheitert erklärt? Woran sonst sind diese »groß angelegten Anschauungen« gescheitert als an der Philosophie Hilary Putnams, die er den (daher) gescheiterten Anschauungen als Referenzanschauung vorausgesetzt hat? Ist das Scheitern von Theorien mit ihrem Verschwinden aus der Literatur verbunden? Sie können zurückkommen ... Vor wenig mehr als hundert Jahren waren die Philosophen in ihrer Mehrzahl Idealisten. Heute besetzen in den »leading departments« der Philosophie (noch) überwiegend Realisten die Lehrstühle. Und ihre realistischen Überzeugungen sitzen sehr tief: »Realism is the natural epistemological attitude«, »Realist zu sein ist eine natürliche Einstellung, die einzunehmen man letztlich gar nicht umhin kann.«, »Die Schwierigkeit eines Rechtfertigungsversuchs für den ontologischen Realismus liegt darin, angesichts der erdrückenden Evidenz ins Lächerliche abzurutschen.« etc.

148. Die Richtung des dualistischen Denkens geht auf das Objekt.
Das dualistische Denken ist referentiell, nach rückwärts gerichtet: auf das im Voraus der Beschreibung liegende Objekt. Die Objektgerichtetheit der Beschreibungen macht nur dann Sinn, wenn das Objekt im Vorhinein der Beschreibungen (Aussagen, Theorien und anderer Sprachleistungen) so ist, wie es im besten Fall, im Wahrheitsfall beschrieben wird.
Damit das Objekt im Vorhinein der Beschreibungen so sein

kann, wie es dann beschrieben wird, muss die Beschreibung des Objekts, die Wie-Bestimmung des Objekts apriorisiert werden und diese Apriorisierung ist erst nach der Beschreibung möglich: durch die Angabe des Objekts mit Hilfe der Eigenauffassung. Die kontingente Wie-Bestimmung des Objekts muss zu einer nicht (mehr) kontingenten Dass-Voraussetzung umgestaltet werden.

149. Die Unterscheidung zwischen für wahr halten und wahr sein, zwischen Wahrheit und Irrtum, zwischen Schein und Sein, kann nur für die Gegenauffassungen eingeführt werden: durch die Angabe des Objekts mit Hilfe der Eigenauffassung.
Die dualistische Argumentationsweise kann die Eigenauffassung der Beliebigkeit nicht entziehen. In der Eigenauffassung fallen für wahr halten und wahr sein zusammen: Im dualistischen Wahrheitsdiskurs haben wir keine andere Möglichkeit, als die Eigenauffassung für die eher wahre zu halten: das heißt sie als jene zu bestimmen, die mit dem Objekt im Einklang steht. Wahrheit als Diskursregulativ reguliert die Diskurse in Richtung auf die jeweilige Eigenauffassung. Der Beliebigkeit entzogen werden kann bloß die Gegenauffassung, aber dieser Entzug ist wiederum beliebig: denn er wird von beliebigen Eigenauffassungen aus durchgeführt, die durch gefügige Instanzen im Jenseits des Diskurses verankert wurden.

150. Wird nun alles beliebig? Können wir jeden Unsinn mit gleichem Recht behaupten, der uns in den Sinn kommt? Es wird nichts beliebiger als es schon ist. Es wurden und werden ohnehin die seltsamsten Dinge behauptet und noch jeder theoretische Vorschlag wurde von einem anderen als Irrtum, wenn nicht gar als Unsinn zurückgewiesen.

Schon bisher werden Widersprüche toleriert, solange wir uns nicht gerade zeitgleich widersprechen (und wie soll dies möglich sein). Wenn wir unsere Auffassungen in größeren zeitlichen Abständen ändern, kann dies auch als Zeichen von Kreativität gelten. Wichtig ist nur, dass nicht in einem Artikel, im gleichen Buch widersprüchliche Standpunkte eingenommen werden. (Der Leser stelle sich Hilary Putnams Schriften als ein Buch vor ...)

151. Wie soll nun ein rationaler Diskurs aussehen, wenn wir über Wahrheit und Falschheit nicht mehr von einem Jenseits des Diskurses aus entscheiden, in das wir uns mit Hilfe von Depersonalisierungs- und Dualisierungsstrategien selbst gestellt haben?
Wie soll ein rationaler Diskurs verlaufen, wenn wir mit Ausdrücken wie »wahr« und »falsch« bloß Zustimmung oder Ablehnung zu anderen Auffassungen zum Ausdruck bringen, ohne dass sich diese Zustimmung oder Ablehnung durch eine Berufung auf ein Jenseits legitimieren kann?
Wenn wir auf die Anwendung der vom Dualismus entwickelten Argumentationstechnik verzichten, so hat dies keineswegs zur Folge, dass wir auch darauf verzichten werden, unsere Ansichten in Diskursen zu begründen, unsere Thesen zu prüfen und zu versuchen, sie durch neue Thesen in Frage zu stellen. Wir werden versuchen, den Weg von der Beschreibung des Objekts zur Angabe des Objekts mit triftigen Argumenten zu belegen, und wenn dies nicht gelingt, das Objekt vielleicht neu beschreiben. Und schon gar nicht müssen wir darauf verzichten, uns um Klarheit, Einfachheit und Präzision zu bemühen, was immer dies heißen mag.

152. In einer nichtdualistischen Philosophie des Wandels werden Auffassungen nicht vertreten, weil sie wahr sind. Die

Wahrheit ist anspruchslos. Auffassungen sind wahr, weil und solange wir sie vertreten und sie sind falsch, weil und solange wir sie nicht vertreten.
Die Funktion von Begriffen wie Wahrheit und Falschheit beschränkt sich auf die Abgrenzung zwischen Auffassungen, die wir vertreten und Auffassungen, die wir nicht vertreten.
Die Grenze zwischen Wahrheit und Falschheit verläuft entlang der Grenze zwischen Eigenauffassung und Gegenauffassung. Und der Nichtdualist möchte der Versuchung widerstehen, diese Grenze zu einem Graben zu vertiefen, bis ins Jenseits des Diskurses.

153. Eine Auffassung ist falsch oder irrig, insofern sie von der Auffassung abweicht von der aus der Vorwurf des Irrtums erhoben wird. Wohl können wir uns irren, aber die Möglichkeit des Irrtums ist die Chance, gegenwärtige Auffassungen zugunsten neuer Auffassungen aufgeben zu können.
Wie im Dualismus können wir uns darin, worüber wir uns irren, nicht irren – aber dem Irrtum entzogen ist hier nicht ein sprachjenseitiges Objekt, auf das hin unsere Diskurse gerichtet sind.
Dem Irrtum entzogen ist bloß der Basiskonsens, von dem aus wir unsere Auffassungen entwickeln. Viele dieser Basiskonsense teilen wir mit vielen Diskursteilnehmern, aber das heißt nicht mehr, als dass viele Auffassungen nicht-kontrovers sind und so funktionieren, wie sie es tun, und damit das Zusammenleben in unserer Gesellschaft ermöglichen. Diese Basiskonsense können jederzeit in Frage gestellt werden: Die Wirklichkeit ist nichts weiter als der »letzte Stand der Dinge«, als jene Auffassungen, die zum gegenwärtigen Zeitpunkt vertreten werden.

154. Sicher gehören zur Wirklichkeit auch Auffassungen, die wir vertreten müssen, um in unserer Gesellschaft überleben zu können. Aber dann sollten wir hier nicht von einer Übereinstimmung unserer Auffassungen mit einer »unabhängigen« Wirklichkeit sprechen, sondern von einem Konsens zwischen den Teilnehmern eines Gesprächs, das nur laufen kann, solange die Basiskonsense, von denen aus es geführt wird, nicht zerbrechen.
Oft mag ein Konsens vorzuziehen sein. Wenn es aber darum geht, den Status quo zu ändern, wird ein Dissens vorzuziehen sein. Die Wirklichkeit ist kein statisches Konstrukt im Jenseits mit Richterfunktion, sie wird durch den Verlauf unserer Diskurse ständig neu bestimmt.

155. Entscheidungen für oder gegen Auffassungen werden oft aus praktischen Erwägungen getroffen, aus Angst vor Strafe oder aus Hoffnung auf Belohnung, aus konformistischen oder aus nonkonformistischen Gründen, oder einfach, weil wir dazu tendieren, Auffassungen den Vorzug zu geben, die mit denen übereinstimmen oder zumindest vereinbar sind, die wir bereits haben; andererseits werden wir ab und zu Auffassungen den Vorzug geben, deren Übernahme mit einer Aufgabe nicht liebgewonnener, sondern ›liebverlorener‹ Überzeugungen verbunden ist.

156. Konflikte werden nicht durch Universalisierung von Eigenwahrheitsansprüchen und ihre Setzung in ein Voraus aller übrigen Auffassungen entschieden – diese Vorgangsweise kann jeder dualistisch geschulte Diskursteilnehmer anwenden und sie führt darum in Pattstellungen.
Konflikte können, wenn ein Interesse daran besteht, vermieden oder entschärft werden, indem wir die Beschreibungen *from now on*, die den Konflikt ausgelöst haben, zu-

rücknehmen und einen Neuanfang vom Basiskonsens aus versuchen, also versuchen, den Basiskonsens konsensuell zu erweitern. Wir können auch Beschreibungen *so far* wieder in Frage stellen und damit den Diskurs wechseln.

157. Nichtdualisierendes »Reden über« ist nicht mehr auf das Objekt der Rede gerichtet, sondern geht vom Objekt der Rede aus. Über ein Objekt reden heißt die Rede *so far* in einer Rede *from now on* fortführen. Ein Objekt beschreiben heißt, die Beschreibung *so far* /ein Objekt/ fortführen und damit das Objekt in ein neues Objekt weiterer Beschreibungen zu ändern. Das Objekt der Beschreibung verhält sich zur Beschreibung des Objekts wie die Beschreibung *so far* zur Beschreibung *from now on.*

158. In einer nichtdualisierenden Denkweise ist der Versuch, den Tisch von der Beschreibung des Tisches zu unterscheiden, der Versuch, die Beschreibung *so far* /der Tisch/ von der Beschreibung *from now on* »Der Tisch ist aus Holz.« zu unterscheiden. Der Versuch, den Tisch von der Beschreibung des Tisches zu unterscheiden, ist der Versuch, den Tisch davon zu unterscheiden, dass er aus Holz ist.

159. Die dualistische Philosophie richtet ihre Denkanstrengungen auf ein Ziel, das den Kontingenzen eben dieses Denkens entzogen ist.
Dieses Ziel liegt in einem Jenseits des Diskurses, das im Diesseits erreicht wird: durch den Versuch den Status quo zu perpetuieren, das ›hier und jetzt‹ zu einem ›immer und überall‹ zu machen, die Gegenwart in die Vergangenheit und in die Zukunft hinein auszudehnen.

160. Die Flucht aus der Beliebigkeit endet dort, wo sie beginnt.

ANHANG 1

Vom Reden über. Eine kurze Anleitung zum dualistischen Argumentieren.

1. Trenne Sprache und Wirklichkeit, Beschreibung und Objekt, Aussage und Gegenstand. Stelle sie einander gegenüber. Mache diese dichotomischen Unterscheidungen im Voraus deiner Diskurse. Sie bilden dann die Voraus-Setzungen für die Diskurse.

2. Die Dichotomien sind universell und abstrakt. Du musst nicht ständig an sie denken. Es genügt, wenn du sie stillschweigend voraussetzt und nur dann aktualisierst, wenn der Diskurs es erfordert.

3. Du musst die Objekte *unter* die Sprache setzen, damit du *über* sie reden kannst.
   Das zweite Glied der Dichotomie (Welt, Wirklichkeit, Gegenstand, Objektsprache) liegt unter dem ersten Glied (Sprache, Aussage, Beschreibung, Metasprache).

4. Das Verhältnis zwischen den Gliedern kannst du selbst bestimmen: je nachdem, wie du die beiden Glieder gewichtest, welchem Glied du den Erkenntnisvorrang einräumst, wirst du dann eine idealistische oder realistische Position einnehmen.
   Beziehe das erste Glied auf das zweite Glied: damit ist die Verbindung zwischen den Gliedern gewährleistet.

5. Du musst die Objekte mit einer Identität gegenüber den Beschreibungen ausstatten. Das Objekt ist schon im Vorhinein der möglichen Beschreibungen so, wie es im besten Fall – im Wahrheitsfall – beschrieben wird. Diese Identität kannst du entweder absolut: gegenüber allen Diskursen, oder relativ festsetzen: zum Begriffsrahmen, in dem du argumentierst.
   Gib Acht: starke Einschränkungen können dir den Vorwurf einbringen, ein Relativist zu sein.

6. Die Objekte sind gegenüber den Diskursen, die in der Sprache ablaufen, invariabel. Die Diskurse dagegen sind variabel: Du kannst ein und dasselbe Objekt verschieden beschreiben, über den gleichen Gegenstand verschiedene Aussagen machen etc.
   Obwohl die Objekte unabhängig von ihren Beschreibungen so sind, wie sie sind, lernst du sie erst im Verlauf der wahren Beschreibungen kennen – sonst wären deine Diskurse überflüssig.

7. Setze den Diskursen ein Ziel: Dieses Ziel ist Wahrheit und Erkenntnis. Das Ziel deiner Erkenntnisanstrengungen ist die Erkenntnis der Wirklichkeit aus der Sprache.
   Um dieses Ziel wenigstens annähernd zu erreichen, musst du den Diskurs auf das zweite Glied der Dichotomie richten, also auf das Objekt des Diskurses.
   Die Richtung des Diskurses auf das Objekt des Diskurses ist ein zentraler Zug der dualistischen Argumentationstechnik.
   Die Diskurse sind wahrheitsorientiert und objektgerichtet.
   Das Objekt des Diskurses geht dem Diskurs voraus: damit ist der objektorientierte Diskurs nach rückwärts gerichtet.
   Ignoriere dies.

8. Du hast dein Ziel erreicht, wenn es dir gelingt, eine Übereinstimmung zwischen Sprach- und Objektglied zu erreichen.
Ob und wie diese Übereinstimmung, wenn sie überhaupt zustande kommt, feststellbar ist, das ist eine Streitfrage innerhalb der dualistischen Argumentation.
Die einen sagen, dass Auffassungen (Beschreibungen, Aussagen, Sätze) wahr sind, weil und wenn sie mit der Wirklichkeit übereinstimmen. Zu dieser Gruppe gehören die Korrespondenztheorien der Wahrheit.
Andere sagen, dass Auffassungen mit der Wirklichkeit übereinstimmen, weil sie wahr sind – dazu gehören Kohärenz- und Konsenstheorien der Wahrheit.
Im ersten Fall wird die Wahrheit unseres Redens über die Welt an der Welt überprüft.
Im zweiten Fall wird die Wahrheit unseres Redens nicht *an* der Welt, sondern *im Reden über* sie festgestellt. Die Übereinstimmung zwischen Sprache und Welt kann nicht direkt festgestellt werden, sondern nur über den Umweg einer qualifizierten Übereinstimmung zwischen den Teilnehmern eines Diskurses.
Für welche Variante du dich entscheidest, hängt davon ab, welchem Glied der Dichotomie du den Erkenntnisvorrang einräumst.
Diese Fragen sind nicht unwichtig, da die Wirksamkeit der dualistischen Argumentation auf andere Diskursteilnehmer auch davon abhängt, ob sie die gleiche Argumentationsvariante vertreten oder nicht.

9. Das erste Glied der Dichotomie ist das Diesseits des Diskurses, das zweite Glied bildet das Jenseits des Diskurses.
Das Jenseits wird abstrakt vorausgesetzt, aber du kannst es jederzeit konkretisieren.

Eine solche Konkretisierung ist nur mit Hilfe von Auffassungen möglich, die du selber im Diskurs vertrittst.
Das trifft sich gut: damit ist die Übereinstimmung deiner Auffassungen mit dem Jenseits des Diskurses gesichert.
Das Jenseits des Diskurses ermöglicht es dir, auch die Auffassungen der anderen Diskursteilnehmer zu beurteilen.

10. Jene Auffassungen, die du selber für wahr hältst, kannst du immer schon ins Jenseits des Diskurses transferieren.
Du kannst auf sie zurückgreifen, wenn du das Jenseits im Diskurs angeben oder präsentieren willst.
Diese Präsentation ist immer nur so weit möglich, als deine Auffassungen reichen.
Der Transfer von Auffassungen ins zweite Glied der Dichotomie verpflichtet dich zu nichts: du kannst ihn jederzeit wieder rückgängig machen, wenn sich deine Auffassungen ändern.

11. Wenn du deine Auffassungen auf ihre Wahrheit hin überprüfen willst, dann beziehe sie auf das Jenseits.
Es wird dir gelingen. Das Jenseits lässt dich nicht im Stich.
Schließlich sind das Jenseits und seine Elemente – Gegenstände, Objekte, einfach das-worüber-du-sprichst – abstrakte Größen, die durch beliebige Inhalte erfüllt werden können.
Wenn du das Jenseits mit Hilfe deiner eigenen Auffassungen angibst (und mit welchen sonst sollst du es angeben?), dann wird sich immer eine Übereinstimmung deiner Auffassungen mit dem Jenseits ergeben. Du kannst sogar sagen, dass sie ihm *entsprechen.*

12. Du kannst beliebige Auffassungen, sofern du sie vertrittst, mit dem Jenseits des Diskurses in Übereinstimmung bringen.

Du musst dafür nur die Eigenauffassungen ins Jenseits der Diskurse verdoppeln.
Außerdem sind das Jenseits und seine Elemente stumm. Sie brauchen einen Stellvertreter im Diskurs, der für sie spricht und die im Jenseits gefällten Urteile im Diesseits verkündet. Dieser Stellvertreter und Fürsprecher bist *du.*
Indirekt, auf dem Umweg über das Jenseits, bist du also dein eigener Richter. Das hat den Vorteil, dass der Wahr-Spruch immer zu deinen Gunsten ausfallen wird.

13. Solange die Diskurse konfliktfrei verlaufen, muss dieser (Schieds-)Richter nicht in Aktion treten. Der Erfolg deiner Suche nach Wahrheit und Erkenntnis ist gewährleistet, soweit du ihn dir zutraust. Wahrheitsansprüche müssen nicht explizit gemacht werden, ihre Einlösung wird nicht diskutiert.
Wo kein Kläger, da kein Richter.

14. Interessant wird die Situation dann, wenn Diskurskonflikte eintreten, wenn also einander widersprechende Auffassungen beanspruchen, mit dem Objekt im Jenseits des Diskurses in Übereinstimmung zu stehen.
Das ist genau jene Situation, in der sich die dualistische Argumentationsweise besonders bewähren soll.

15. Die dualistische Argumentationstechnik soll mit Hilfe von Wahrheits- und Falschheitszuschreibungen zu einer Entscheidung zwischen konkurrierenden Auffassungen beitragen.
Dank der dualistischen Argumentation soll eine mögliche Vielzahl von Auffassungen in Richtung auf die eine und wahre Auffassung hin reduziert, ein Dissens in einen wahren Konsens überführt werden.

16. In einer Konfliktsituation geht es darum, die Übereinstimmung oder Nichtübereinstimmung der konkurrierenden Auffassungen (also deiner Auffassung und der Auffassungen der übrigen Diskursteilnehmer) mit dem Objekt der Auffassungen festzustellen.

17. Gehe so vor: Differenziere das Objekt so weit, dass es erkenntnis-entscheidungskräftig wird. Die Differenzierung muss ausreichen, um eine Übereinstimmung oder Nichtübereinstimmung zwischen dem Objekt und den Auffassungen darüber konstatieren zu können.
Dafür genügt die gemeinsame, konsensuelle Objektangabe nicht, die in einem Konflikt den konkurrierenden Auffassungen vorausgeht.
Für eine Konfliktentscheidung muss das Objekt stärker differenziert werden, als es durch die Objektangabe vor den konkurrierenden Auffassungen bereits geschehen ist.
Diese Differenzierung erreichst du durch die Angabe des Objekts mit Hilfe deiner Eigenauffassung. Du musst also die gemeinsame Objektangabe um deine Auffassungen über das Objekt erweitern.

18. Setze das Objekt, das du mit Hilfe der Eigenauffassung so weit als möglich differenziert und präzisiert hast, den konkurrierenden Auffassungen (also der Eigenauffassung und den Gegenauffassungen) voraus.
Beziehe die Gegenauffassungen auf das so im Diskurs präsentierte Objekt. Dieser Objektbezug wird eine Nichtübereinstimmung zwischen Objekt und Gegenauffassung ergeben.
Dagegen wird ein Bezug der Eigenauffassung auf das Objekt *selbstredend* eine Übereinstimmung ergeben.
Damit ist sichergestellt, dass nur die Gegenauffassungen am

Jenseits des Diskurses (an der Realität, am Objekt) scheitern und nicht deine Eigenauffassung.

19. Erhebe deine Wahrheitsansprüche immer transsubjektiv: sie müssen die Eigenauffassung überschreiten, sonst endet ihre Reichweite mit deiner Auffassung und sie besagen nur, dass du die Auffassungen vertrittst, die du eben so lange und so weit vertrittst.
Du kannst die Reichweite auf den Diskurs beschränken, in dem du argumentierst oder sie auf alle möglichen Diskurse ausdehnen.
Der transsubjektive Wahrheitsanspruch ermöglicht eine Beeinflussung oder gar Steuerung der Diskurse. Die Wahrheit wird so zu einem Diskursregulativ.

20. Habe keine Angst vor dem Irrtum. In einer Konfliktsituation liegt der Irrtum immer beim Anderen und nicht bei dir: du kannst den Irrtum des Anderen ja nur von deiner Eigenposition aus konstatieren (oder von einer dritten Position, die du teilst).
Deine eigenen Irrtümer sind immer schon vorbei: du kannst sie erst dann konstatieren, wenn du dich von ihnen getrennt hast, wenn du sie also nicht mehr vertrittst: und zwar von deiner gegenwärtigen Position des (vielleicht vorübergehenden) Nicht-Irrtums aus.

21. Die Transsubjektivität des Wahrheitsanspruchs verhindert, dass der Irrtum des Anderen bloß die Abweichung von der Auffassung ist, von der aus du den Vorwurf des Irrtums erhebst: also von deiner Eigenauffassung. Die Transsubjektivität etabliert eine Wahrheits- und Konsensorientierung der Diskurse am Jenseits, das du mit Hilfe deiner Eigenauffassungen angibst.

22. Durch die Angabe des Objekts mit Hilfe der Eigenauffassung kannst du die Eigenauffassung *depersonalisieren*, objektivieren und universalisieren.
Verwende dafür vorzugsweise Ausdrücke wie: »in Wirklichkeit«, »in Wahrheit« oder »tatsächlich«, aber auch Wendungen wie »Es hat sich gezeigt«, »Wie wir heute wissen« oder »Es ist offensichtlich« können zielführend sein.
Dagegen musst du die Gegenauffassungen, deren Nichtübereinstimmung mit dem Objekt sich infolge der Objektangabe durch deine Auffassung ergeben hat, *personalisieren.* Deine Diskurspartner »glauben zu unrecht«, »sind irrtümlich der Meinung«, »nehmen fälschlich an« etc.

23. Kombiniere in der Auseinandersetzung mit deinen Diskurspartnern depersonalisierte Eigenauffassung mit personalisierter Gegenauffassung.
Einfache Beispiele für die Argumentation sind etwa:
»Du glaubst nur, dass ... so ist, tatsächlich ist jedoch ...« oder
»Du meinst zwar, dass ... ist, in Wahrheit ist dagegen ...«
oder, bei einer Auseinandersetzung mit anderen Auffassungen in Publikationen:
»Während N. N. behauptet, dass ..., ist in Wirklichkeit ...« oder
»Die Meinung von N. N. berücksichtigt nicht, dass wir heute wissen, dass ...« oder
»Obwohl, wie weiter oben gezeigt wurde, sich die Dinge so und so verhalten, ist N. N. immer noch der Meinung, dass ...«
oder »Es wird immer noch vertreten, dass ..., Tatsache ist jedoch, ...«
Oft genügt es, die Gegenauffassung durch Anführungszei-

chen zu personalisieren und so von der depersonalisierten Eigenauffassung abzugrenzen. Auch indirekte Rede kann nützlich sein.

24. Durch die Depersonalisierung der Eigenauffassung löst du den Wahrheitsanspruch für deine Eigenauffassung ein. Deine Auffassung wird entpersönlicht, so dass sie auch dann gilt, wenn du persönlich sie nicht vertrittst, ja sogar, wenn niemand sie vertritt.
Die Wahrheit ist unpersönlich und transsubjektiv. Falschheit und Irrtum sind nur in unserem Kopf, aber die Wahrheit ist in ihm und außer ihm. Irren ist menschlich, aber die Wahrheit ist nicht allein Menschenwerk.

25. Nun stellt sich allerdings das Problem, dass auch deine Diskurspartner meist die dualistische Argumentationstechnik beherrschen.
Ihr kommt also in eine Pattsituation.
Damit darfst du dich als wahrheitsorientierter Denker jedoch nicht zufrieden geben: Wenn du das eigene Diskursjenseits allen Diskursbeteiligten verbindlich voraussetzt, musst du damit auch die Einlösung deiner Wahrheitsansprüche von den Diskurspartnern verlangen.
Aus dieser Pattstellung öffnet Diskursgewalt einen Ausweg: die Machtverhältnisse in Sprechsituationen sind verschieden verteilt. (In einem herrschaftsfreien Diskurs würde kein Konsens zustande kommen.)
Du wirst dabei immer gewinnen: Entweder gleich, weil du die Autorität (des Erziehers, Lehrers, Wissenschaftlers) auf deiner Seite hast oder langfristig, weil die Wahrheit auf deiner Seite ist und sich letztendlich durchsetzen wird.

26. Vergiss nicht: »Du« kannst auch der/die Andere sein.

27. Gib ruhig zu, dass deine Wahrheits- und Erkenntnistheorie widerlegbar ist. Als Widerlegungsinstanz wähle Elemente deiner eigenen Theorie. So kannst du nicht fehlgehen.
Als Korrespondenztheoretiker sage, dass die Korrespondenztheorie dann falsch ist, wenn sie mit der Wirklichkeit nicht übereinstimmt.
Wenn du Kritischer Rationalist bist, mache geltend, dass auch der Kritische Rationalismus an der Realität scheitern kann.
Als Konsenstheoretiker erkläre deine Theorie für falsch, wenn über sie kein vernünftiger, wahrer Konsens erzielt werden kann.
Damit hast du deine jeweilige Theorie auf jeden Fall gerettet: Jede »Widerlegung« würde das grundlegende Prinzip deiner Theorie (das Korrespondenzprinzip, die Idee des Scheiterns von Theorien an der Realität, die Idee eines wahren Konsenses) nicht betreffen.
Andererseits wird niemand erwarten, dass du die Widerlegungsbedingungen für deine theoretischen Überzeugungen mit Hilfe von Überzeugungen angibst, die du selbst nicht hast.

28. Durch die Anwendung der dualistischen Argumentationstechnik kannst du beliebige Auffassungen, sofern und solange du sie vertrittst, als wahr, adäquat oder richtig ausweisen, und beliebige Auffassungen, die deiner jeweiligen Eigenauffassung zuwiderlaufen, als falsch oder inadäquat aus dem Diskurs eliminieren oder zumindest diskreditieren.

29. Wenn du diese Schritte gelernt hast, dann vergiss sie. Wenn du so weit bist, dass du sie in jedem Konfliktfall automatisch anwendest, dann beherrschst du die dualistische Ar-

gumentation. Sind diese Schritte so weit internalisiert, dass du die Argumentation während ihrer Anwendung nicht mehr reflektieren musst, dann ist dein Diskurs »rational« – du kannst gar nicht mehr anders.

30. Das ist natürlich ein Schnellkurs im dualistischen Argumentieren. Die Grundregeln dafür lernst du schon in der Erziehung, die auch eine Erziehung zur Wahrheit ist, das heißt eine Erziehung zur Wahrheit des Erziehers.
Wenn du Philosophie studierst, kannst du die Feinheiten dieser Argumentationstechnik erlernen. Vielleicht kannst du sogar zu ihrer weiteren Ausarbeitung beitragen und ihre Wirksamkeit verbessern.

* * *

In der Rhetorik geht es darum, ein Publikum von beliebigen Auffassungen zu überzeugen.
Zum Unterschied davon geht es in der dualistischen Argumentationstechnik und Philosophie darum, ein Publikum (Leser, Hörer, Diskurspartner) von der Wahrheit zu überzeugen.
Dieser Unterschied kann nicht oft genug betont werden …

ANHANG 2

Der Radikale Konstruktivismus. »What difference does it make?«

1. (Radikaler) Konstruktivismus und Realismus besetzen verschiedene Positionen im erkenntnistheoretischen Spektrum. Die Unterschiede werden von den jeweiligen Vertretern als so groß empfunden, dass es kaum zu ausführlichen Auseinandersetzungen kommt.
   Die Kritik beschränkt sich meist auf Standardsätze oder verständnislose Abwertungen. Jeder findet, dass seine Auffassung verfälscht oder unzulässig verkürzt wiedergegeben wird oder gar, dass er die ihm unterstellten Ansichten (etwa Leugnung der Realität hier und naiver Abbildrealismus dort) nie vertreten hat.

2. Der Hauptvorwurf des Realisten ist, dass der Konstruktivismus ohne realistische Voraussetzungen nicht auskommen könne. (Und für Niklas Luhmann ist der Konstruktivismus sogar explizit eine realistische Erkenntnistheorie.) *Der Konstruktivist ist in Wirklichkeit ein Realist* – und spätestens dann, wenn er mit dem Kopf durch die Wand will, müsste er dies auch eingestehen.[1]

3. Der Konstruktivist kritisiert vor allem den realistischen Grundsatz einer zumindest prinzipiell erkennbaren Realität. Unsere Vorstellungen von der Realität können nur mit anderen Vorstellungen verglichen werden und nicht mit der

Realität selbst. Richtigkeit oder gar Wahrheit von Weltbildern ist nicht feststellbar. Eine Welt jenseits unserer Sinne und Begriffe ist nicht erkennbar. Jeder konstruiert seine eigene Wirklichkeit – wenn auch nicht unabhängig von seiner Umwelt und in Abstimmung mit anderen.

4. In seiner Kritik universalisiert der Konstruktivist jedoch die eigenen Grundsätze zu Voraussetzungen, die auch für Realisten gelten. Er kann dem Realisten nicht zubilligen, dass er im Gegensatz zu ihm die Welt tatsächlich erkennt und also zu Recht Realist ist. Wenn die Welt zu 100 Prozent die Welt meiner Erfahrung und mein Erleben ist, wenn Wissen ausschließlich eine interne Konstruktion des menschlichen Subjekts ist, dann gilt dies auch für den Realisten, ob er dies wahrhaben will oder nicht: *Der Realist ist in Wirklichkeit ein Konstruktivist.*

5. Der Realismus wird so zu einem Sonderfall des Konstruktivismus, der versucht seine Konstruktion der Wirklichkeit zu verabsolutieren, indem er sie mit der unabhängigen Realität gleichsetzt. Damit reduziert der Konstruktivismus den Unterschied zum Realismus auf einen Unterschied in der Erkenntnis*haltung* und Erkenntnis*einstellung* – also auf eine Attitüde. Da sich die Idee, dass wir alle Konstruktivisten sind, ob wir dies einsehen oder nicht, auf bestimmte biologische und psychologische Voraussetzungen stützt, muss sich der Konstruktivismus hier genau den Vorwurf der Verabsolutierung gefallen lassen, den er gegen den Realisten erhebt.

6. Konstruktivismus und Realismus setzen in der gegenseitigen Kritik einander die jeweils eigene Position voraus. Die Wirklichkeit wird dem Konstruktivisten vom Realisten

»realistisch« vorgegeben und dem Realisten vom Konstruktivisten »konstruktivistisch« geschaffen.
Beide unterstellen, dass die wissenschaftliche Praxis ihre Seite unterstützt. Die Realisten sagen, dass die Wissenschaftler letztlich realistisch vorgehen; die Konstruktivisten, dass sie konstruktivistisch vorgehen. Die wissenschaftliche Praxis ist sowohl realistisch als auch konstruktivistisch interpretierbar.
Ob die Wissenschaftler sich eher als Realisten oder als Konstruktivisten sehen, hängt vor allem davon ab, welche (Wissenschafts-)philosophie gerade in Mode ist. Es gibt keine Anzeichen, dass realistisch orientierte Wissenschaftler erfolgreicher sind als konstruktivistische Wissenschaftler und es macht für die Ergebnisse von Wissens- oder Erkenntnisanstrengungen auch wenig Unterschied, ob sie als Erfindungen oder als Entdeckungen interpretiert werden. Zwar haben nach Glasersfeld erst im 20. Jahrhundert »Wissenschaftler einzusehen begonnen, dass ihre Erklärungen der Welt stets auf Begriffen beruhen, die der menschliche Beobachter formt und seinen Erlebnissen aufprägt«.[2] Aber auch schon vor dieser Einsicht haben die Wissenschaftler genau das getan, wovon sie inzwischen eingesehen haben, dass sie es tun.

7. Glasersfeld ersetzt Wahrheit/Richtigkeit durch Viabilität und Falschheit/Irrtum durch Nicht-Viabilität. (Manchmal tun es statt »wahr« auch Ausdrücke wie »unbestreitbar«, »unwiderlegbar« oder »logisch unanfechtbar«.) Die konstruktivistischen Ersatzbegriffe sind jedoch mit den gleichen Problemen behaftet wie jene, die sie ersetzen wollen. Viable Konstruktionen können mit der Realität nicht positiv abgeglichen werden. Merkwürdigerweise kann es gerade dann, wenn unsere (deshalb?) nichtviablen Konstruktio-

nen misslingen oder scheitern zu einem *direkten* Kontakt, zu einer Konfrontation mit der »ontischen Realität« kommen. Zwar erlaubt uns das Scheitern unserer Konstruktionen eine bloß negative Bestimmung der Realität, ein ›*So* (geht's) *nicht!*‹: »Die Realität kann nur mit Bezug auf jene Gedanken beschrieben werden, die sich als erfolglos erwiesen haben.«[3] Glasersfeld sagt, dass »für den Konstruktivisten völlig gleichgültig ist, wie das Sein ist«.[4] Aber dass die Realität ein ›Rad ist, das nichts dreht‹ gilt wohl nur so lange, als unsere Konstruktionen viabel sind und nicht durch die »natürliche Auslese« ausgeschieden werden.

8. Die Inkonsequenz des Konstruktivismus gerade dann, wenn Konstruktionen »scheitern«, ist ein Zeichen dafür, dass der Konstruktivismus mit der Voraussetzung einer zumindest negativ erkenntnisrelevanten sprachunabhängigen Realität auch die damit verbundene dualistische Argumentationstechnik übernommen hat.
Aber vielleicht ist diese Inkonsequenz vermeidbar? Ein *radikaler* Konstruktivismus könnte auch argumentieren, dass unsere (theoretischen) Konstruktionen weder positiv *noch* negativ mit der Realität abgeglichen werden können. Das immer wieder beschworene Argument der Skeptiker gilt wohl nicht bloß für Ansichten oder Vorstellungen, die richtig oder viabel sind.

9. Wie werden Scheitern oder Widerlegung von theoretischen Konstruktionen bestimmt? Für das *Gelingen* unserer Konstruktionen sind wir selbst verantwortlich – ist für das *Misslingen* die Natur, die Realität verantwortlich? Wer bestimmt, ob unsere Konstruktionen nichtviabel sind? Die Realität oder *eine* (andere) *Theorie über die Realität*? Der Konstruktivismus würde an Konsequenz gewinnen, wenn

er sich für die zweite Variante entscheidet. Diese wird in der Praxis von wissenschaftlichen Diskurskonflikten über die Viabilität/Nicht-Viabilität von theoretischen Konstruktionen angewandt. Das Scheitern von Theorien, ihre Widerlegung, wird dabei immer von *anderen* theoretischen Positionen aus konstatiert, die als (noch) nicht gescheitert den gescheiterten Konstruktionen vorausgesetzt werden. Das erklärt auch teilweise, warum sich Theoretiker nur selten davon beeindrucken oder beirren lassen, dass ihre Theorien von anderen für gescheitert erklärt wurden.

10. Der Konstruktivismus behauptet häufig, dass die »natürliche Auslese« oder gar die »Realität« gleich einem »Sieb« über die Viabilität von Konstruktionen entscheidet.
    Vielleicht wäre der Konstruktivismus stringenter, würde er einräumen, dass hier von der Basis einer zur Voraussetzung für diese Konstruktionen mutierten Evolutionstheorie aus geurteilt wird.

11. Dass eine Theorie scheitert oder widerlegt wird, heißt nicht mehr, als dass sie der Theorie zuwiderläuft, von der aus Scheitern und Widerlegung konstatiert werden. In der Wissenschaft finden sich vermutlich kaum theoretische Konstruktionen – es sei denn, niemand kennt sie außer ihren Vertretern – die nicht von irgendeiner anderen Theorie aus widerlegt wurden. Wie oft wurde die Relativitätstheorie schon für »widerlegt« oder »gescheitert« erklärt oder, worauf die Widerleger bestehen, *tatsächlich* widerlegt. Weder lassen sich Evolutionstheoretiker davon beeindrucken, dass sie von Creationisten falsifiziert wurden noch umgekehrt. In den verschiedensten Wissenschaften wurden oder werden die seltsamsten Ansichten vertreten: dass die Erde eine Scheibe ist, dass die Menschheit nicht älter als ein paar tau-

send Jahre ist, dass alle Höhlenmalereien Fälschungen sind, dass das Universum mit oder gar aus einem Knall entstanden ist, dass Aids (k)eine Viruserkrankung ist, dass die Materie aus Quarks und anderen Teilchen oder aus Energie besteht, dass es schwarze Löcher gibt, dass Phlogiston existiert etc. etc. – und alle diese Konstruktionen haben in der Überzeugung ihrer Konstrukteure funktioniert oder funktionieren immer noch. Viele, wenn nicht die meisten Vertreter ihrer Theorien haben diese trotz aller Anfechtungen und Vorwürfe des Scheiterns, trotz aller Falsifizierungen bis zum Ende ihres Lebens vertreten. Oft haben sie auf die Widerlegung ihrer eigenen Theorie mit der Widerlegung jener Theorie geantwortet, von der aus sie widerlegt wurden. Und wenn sie denn ihre Theorie zugunsten einer anderen aufgegeben haben, dann haben sie erst vom Ansatz einer Nachfolgetheorie aus ihre frühere Theorie als gescheitert erklärt.

12. Realistische, traditionell wahrheitsorientierte Denker behaupten manchmal, wie Glasersfeld hervorhebt, dass der Konstruktivismus und andere verwandte Denkweisen mit relativistischer Tendenz und multiplen Wirklichkeiten »gefährlich seien, weil sie Verirrungen, wie zum Beispiel dem Nazismus, nichts entgegensetzen können«.[5] Karl Popper hat dem Relativismus sogar unterstellt, dass er »zur Anarchie, zur Rechtlosigkeit und zur Herrschaft der Gewalt führt«.[6] Nun schützen aber auch realistische Überzeugungen keineswegs davor, beliebige Auffassungen zu vertreten und zu rechtfertigen. Dazu braucht es nicht die in durchaus realistischem Jargon verfassten Texte von Creationisten wie Ross oder Morris oder gar von Revisionisten wie Faurisson oder Butz, – es genügt vielleicht der Hinweis auf die Unterstützung der Vereinigungskirche (»Mun-Sekte«) durch rea-

listisch orientierte Theoretiker wie Eccles, Bartley und Radnitzky, der auch im rechtsextremen Schrifttum prominent vertreten ist.

13. Ich bezweifle, dass Konstruktivisten »aus rein epistemologischen Gründen« tolerant sein müssen. Zum einen nehmen auch (Kritische) Realisten und Rationalisten das Toleranzpostulat für sich in Anspruch und begründen es mit der Irrtumsanfälligkeit der Menschen. Und warum sollte es nicht dogmatische, intolerante und ignorante Konstruktivisten einerseits und tolerante und bescheidene Realisten andererseits geben (auch wenn Popper seine Toleranz nur gepredigt hat und Glasersfeld sie auch lebt)?

14. Beide Denkmodelle – das realistische wie das konstruktivistische – sind Manifestationen einer Argumentationstechnik, mit deren Hilfe beliebige Auffassungen als wahr, falsch oder gescheitert im realistischen Fall und zumindest als nichtviabel, gescheitert oder widerlegt im konstruktivistischen Fall ausgewiesen werden können, je nachdem, ob sie vertreten oder abgelehnt werden. Dies geschieht unter Berufung auf eine »unabhängige Realität« oder andere Instanzen, die durch die Realisierung und Universalisierung von theoretischen Konstruktionen aus der Biologie oder anderen Bereichen erzeugt werden.
Dem Radikalen Konstruktivismus von Ernst von Glasersfeld ist immerhin anzurechnen, dass er sich bei dieser Argumentationsweise nicht wohl fühlt und mit dem Problem kämpft, eine Terminologie zu verabschieden, die zutiefst objektivistisch und realistisch geprägt ist. Das ist manchmal schwierig: »Dass andere ihre Wirklichkeit nicht so sehen müssen, wie man die eigene sieht«[7] ist trivial, wenn es sich dabei um verschiedene, vom jeweiligen Subjekt abhängige

Wirklichkeiten handelt. Wenn aber für den anderen die gleiche Wirklichkeit vorliegt wie für mich und wir sie verschieden sehen, dann geht dem »Sehen« das konstruktive Moment verloren.
Und wenn »alles, was gesagt, gesehen oder gefühlt wird verschieden interpretiert« werden kann, – dann stellt sich wieder die Frage, ob gleiche oder verschiedene Objekte verschieden interpretiert werden, und dann, welche dieser Interpretationen viabel sind und welche nicht. Auf die terminologischen Schwierigkeiten, mit denen konstruktivistische Theorien konfrontiert sind, verweist besonders S. J. Schmidt.[8]

15. Der Widerstreit zwischen konstruktivistischer Hervorbringung von Wirklichkeiten und realistischer Reduktion in Richtung auf die eine Realität wird nach Präferenzen zu entscheiden sein, die aus Voraussetzungen gewonnen werden, die nur dann zwingend sind, wenn wir sie machen.

Anmerkungen

1 Der Realist versucht dabei den Konstruktivisten häufig mit Hilfe von Beispielen aus dem Alltagsrealismus zu widerlegen – genau jenem Bereich für den viele Konstruktivisten (nicht aber Glasersfeld) ihren Konstruktivismus suspendieren.

2 Ernst von Glasersfeld, »Die Radikal-Konstruktivistische Wissenstheorie«, in: *Ethik und Sozialwissenschaften* 9 (4), 1998, 504.

3 Ernst von Glasersfeld, *Radikaler Konstruktivismus: Ideen, Ergebnisse, Probleme,* Frankfurt, 1996, 193.

4 A. a. O., 324

5 Ernst von Glasersfeld, »Die Radikal-Konstruktivistische Wissenstheorie«, in: *Ethik und Sozialwissenschaften* 9 (4), 1998, 510.

6 Karl Popper, »Duldsamkeit und intellektuelle Verantwortlichkeit«, in: Kreuzer (Hg.): *Offene Gesellschaft – Offenes Universum,* Wien, 1983, 106.

7 Ernst von Glasersfeld, »Die Radikal-Konstruktivistische Wissenstheorie«, in: *Ethik und Sozialwissenschaften* 9 (4), 1998, 510.

8 Siegfried J. Schmidt, »Der nächste Schritt«, in: *Ethik und Sozialwissenschaften* 9 (4), 1998, 567 f.